JN077097

マドンナメイト文庫

熟年白書 衝撃の回春体験

素人投稿編集部

第一章　人生の終幕に牡としての本能が甦り

第二章　忘れかけていた牝肉の芳醇な味わい

第三章　肉悦の虜となる男と女の淫らな素顔

第四章　途絶えることのない熟年たちの性春

※本書に掲載した投稿には、読みやすさを優先して、編集部でリライトしている部分もあります。
※投稿者は全て仮名です。

第一章

人生の終幕に牡としての本能が甦り

趣味で会った三十路シングルマザーの豊満な熟尻に魅了され性欲が昂り……

倉橋亘　嘱託職員・六十三歳

私は風景写真が趣味で、十五年ほど前からSNS上で自撮りした写真を公開しています。コメントをくれる人の中にYさんという女性がいて、もう五年もやり取りを続けていました。

彼女も写真が趣味ということで、年齢は三十八歳。となりの県に住んでおり、写真の専門学校に通っていたらしいのですが、彼氏との間に子どもができてしまい、フォトグラファーの夢をあきらめたそうです。

それなりに幸福な家庭を築いているのだろうと勝手に憶測していたのですが、ある日、ダイレクトメッセージが届きまして、自分も撮影に同行したいと懇願してきたんです。多少の迷いはあったのですが、日帰りで一回ぐらいならと了承しました。

当日、ワンボックスカーで待ち合わせ場所の駅前に赴《おもむ》くと、これがなかなかの美人でして、私は年がいもなく胸をときめかせました。

もちろん最初は娘のような感覚だったのですが、とにかく彼女の一挙手一投足がかわいくて、一度ならず、これからも接点を持ちたいという気持ちに変わりました。

互いに自己紹介したところ、彼女は憂子《ゆうこ》と名乗り、事務系の仕事をしていると言っていました。

「想像どおりの人でした」と褒めてくれ、私たちは初心者向けのルートで山に入り、互いに意見を交換しながら風景写真を撮影していったんです。

いまは離婚してシングルマザーだと知ったのは帰りの車の中のことで、山の天気が急変し、豪雨に見舞われる中、私たちは小降りになるまで車中で待機しました。

よくよく話を聞くと、父親が早くに亡くなり、元夫はDV気質でかなり苦労したそうです。一人息子が高校を卒業し、ようやく肩の荷が下りたことから写真に対する情熱が再び目覚めたとのことでした。

私に対しては、亡くなった父親の面影を求めていたらしく、遠目のプロフィール写真を見て、亡父にそっくりだと話していました。

「なんか、眠くなってきちゃった。昨日は昂奮して、なかなか寝つけなくて」

「あはは。私も同じようなものだよ。雨、まだ止みそうにないし、少し寝たら？」

「ええ」

会話が途切れた直後、彼女が私の肩にもたれかかってきたときはドキリとしました。

甘えているのか、それとも単に父親似の男性に安心感を求めているだけなのか。

心の内がわからずにドギマギしていると、憂子さんは手をそっと握りしめてきました。

いったい、どういうつもりなのか? どうしたらいいのか?

困惑と淡い期待感が交錯し、挙動不審者のように目が泳ぎました。

理性と本能がせめぎ合う最中、驚いたことに憂子さんは目をうっすら開け、顔を近づけてきたんです。

「あ、ちょっ……」

唇が重ね合わされると、ふんわりした感触に理性が飛びはじめ、私は無我夢中で愛くるしい唇をむさぼってしまいました。

まさか、この歳になって欲情するとは思わず、ペニスはパンパンの状態で性欲が逆巻くように突き上げたんです。

私には妻子がいたのですが、性格の不一致から七年前に離婚し、それ以来、女性との接点はありませんでした。

性欲もすっかり衰えていましたし、独身のまま死を迎えるだろうと考えていたので、忘れかけていた情熱がぶり返したときは本当に驚きました。

自分の中にも、まだこんな気持ちがあったのかと、うれしい気持ちもあったのではないかと思います。

憂子さんは唇を離し、私の胸にすがりつきました。

ジーンズ越しのまるまるとしたヒップが目を射抜き、ズボンの中のペニスがむっくりと頭をもたげました。

彼女のいちばんの魅力は、長い足と豊満なお尻でしょうか。

写真撮影をしているときも、デニムの生地がぴったり張りつき、ヒップから太腿にかけての稜線が際立って、目のやり場に困っていたんです。

彼女はしがみついたまま、一向に離れようとはせず、どうしたものか、私は途方に暮れました。

「倉橋《くらはし》さん」

「ん？」

「私、魅力がないでしょうか？」

「そんなことないですよ」

「バツイチ子持ちの女なんて、男の人から見たら、恋愛対象にならないですよね？」

「どうして、そんなこと聞くのかな？」

「だって……声をかけてくる人は既婚者か、独身の人でも遊び目的の人ばかりだから。私、すぐにわかっちゃうんです」

身近にいる男性に幻滅し、歳の離れた私に連絡してきたのでしょうか。

初老の男から見れば、とても魅力的な女性なのですが、同年代の男性にとっては性的な魅力のほうが勝ってしまうのかもしれません。実際、女盛《ざか》りを迎え、まさに脂が乗っているという表現がぴったりの熟女でしたから。

「君は十分、魅力的な女性だよ。私が保証する。もっと、自分に自信を持ったほうがいいと思う」

「ホントですか？」

「嘘なんかつかんよ」

「うれしいかも……」

憂子さんはそう言いながら、さらに強く抱きついてきました。

大人の余裕を気取ってはいたものの、豊かな胸が押しつけられると、全身の血が逆流し、ペニスが激しくひりつきました。

自分の意思とは無関係にどんどん大きくなり、痛みを覚えるほど突っ張ってしまったんです。

あのときは、いつ悟られるかと、どれほどあせったことか。

鎮めようとしても、盛りがついてしまったらしく、男の証《あかし》は少しも小さくならず、煮え滾る情欲が全身に吹き荒れている状況でした。

彼女のほうからキスをしてきたわけですから、その気がないとは思えなかったのですが、ひょっとして私の人間性を試しているのではないかという疑念に縛られ、私は何もできずに身をこわばらせるばかりだったんです。

「倉橋さんの体、すごくあったかいです」

「そ、そうかな？」

憂子さんは身を起こし、口元にキスをしたあと、視線を股間に向け、もっこりした膨らみに気づいた私は、あわてて手で隠しました。

「倉橋さんの言ったこと、本当だったんですね」

「な、何が？」

「私が魅力的だって」

「だから、私は嘘はつかないって……あっ」

しなやかな手が私の手の下をかいくぐり、膨らみをなでられると、久々の快感が背筋を駆け抜けました。

「お、ふっ」

「手をどけてください」

「いけない……いけないよ」

「倉橋さん、すごくかわいいかも」

「かわいいって……私は、君より二回り以上も年上なんだよ」

泣きそうな顔で告げると、憂子さんは優しげな微笑を浮かべ、無理やり手を払いのけました。

「歳なんて、関係ないです。いま、気づきました」

「え……お、おぉ」

柔らかい手のひらが膨らみをなで上げ、背筋がゾクゾクすると同時にペニスがフル勃起してしまい、堪《こら》えられない性欲が全神経を支配しました。

若いときならいざ知らず、この歳になってから獣じみた欲望に理性が働かなくなるとは夢にも思っていませんでした。

憂子さんがズボンのベルトをゆるめ、ホックをはずしたときは天地がひっくり返るようなショックに、目を大きく見開いたほどです。

「い、いけない……いけないよ」

頭の隅に残る微かなモラルを懸命に引き寄せ、拒絶の言葉は放ったものの、声はあまりにも弱々しく、彼女の耳には届いていないようでした。

「お尻を上げてください」

「あ、あぁ……こんな、こんなこと」

チャックを引きおろされたときも体はただ震えたまま、私は咎《とが》めることもできずに言われたとおりに臀部を浮かしました。

ズボンが下着ごと剝きおろされた瞬間、ペニスがビンと弾け出し、裏茎には逞しい芯が注入されていました。

「す、すごい……」

憂子さんが口元に手を添えて目を丸くすると、顔がカッと熱くなりました。

二十五歳も年下、自分の娘と言っても過言ではない年ごろの女性に下腹部を見せつけてしまったのです。

身が裂かれそうな恥ずかしさに襲われる一方、牡の肉は勃起を保ったまま、萎《な》える気配はまったくありませんでした。

「倉橋さんの歳でも、こんなに勃《た》つものなんですね」

「はあっ、はあっ」

パンパンに張りつめた亀頭、がっちりとえらの張った雁首、ぶっくり膨れた青筋と、これほどの昂《たかぶ》りは三十代以来のことだったのではないかと思います。

魅力的な美熟女と異様なシチュエーションが、性的な昂奮を高めさせたのかもしれません。

隆々と聳《そび》え立つペニスを愕然と見おろす中、憂子さんは細長い指を胴体に巻きつかせました。

「あ、くっ！」

またもや快感が身を貫き、私は目尻に涙を溜めながら低いうめき声をあげました。

「大きくて、硬い……ドクドクしてます」

「お、おぉっ」

軽く上下にしごかれただけでペニスはさらに反り返り、亀頭が真っ赤に張りつめました。よほど昂奮していたのか、たったそれだけの行為で鈴口から先走りの液まで溢れ出したんです。

憂子さんは瞬時にして目をとろんとさせ、舌先で唇を何度もなぞり上げました。

その仕草がまた色っぽく、全身の細胞がピンクに染められると同時に女盛りの熟女が欲しいと率直に思いました。それでも彼女が身を屈めてきたときはさすがに我に返り、甲高い声で拒否しました。

「あっ、だめだよ、汚いから……あ、うっ」

濡れた唇、口の中のしっぽりした粘膜が亀頭を包みこんだ瞬間、あまりの快感に腰がぶるっと震えました。

憂子さんは舌を突き出したあと、裏茎から縫い目、雁首から鈴口とペロペロ舐めてくれたんです。

「お、おぉぉっ」

熱い感動が胸の奥に広がり、性感がまたもや上昇カーブを描きました。

美熟女はペニスに唾液をたっぷりなすりつけたあと、口を大きく開け、男の分身をゆっくり呑みこんでいきました。

ぬくぬくした粘膜が牡の肉を包みこみ、柔らかい唇がゆっくりすべり落ちていくと、目眩《めまい》を起こすほどの快美が下腹部をおおい尽くしました。

くちゅくちゅ、ちゅぷ、ちゅぱっ、くぽぽぽっ。

憂子さんはリズミカルなスライドで刺激を吹きこみ、卑猥な音が車中に響き渡り、体から放たれる熱気のせいで窓ガラスがあっという間に曇りました。

「ふっ、ふっ、ンふぅっ」

鼻からくぐもった吐息を放ち、めくれ上がった唇でペニスをしごかれたとき、理性が完全に吹き飛んでしまったのだと思います。

「はあ、ふう、はあっ」

荒々しい息を吐きつつ、視線がまろやかなヒップに向けられました。

官能的なカーブを描く尻はみずみずしい果実のようで、我慢できなくなった私は手を伸ばして量感と質感をたっぷり堪能《たんのう》したんです。

「うふっ!」

憂子さんはスライドをいったん止めたものの、眉間にしわを寄せながら再び顔を振りはじめました。

隅々までみっちりなで回したあと、両足の間に手をすべりこませると、股のつけ根は明らかにほっくりしていました。

もちろんデニムの生地は厚いので、性感ポイントまではわかりません。

当たりをつけて指先を往復させるたびに、熟女は甘ったるい声を放ち、ヒップをくねくねと揺らしました。

「ンっ、ふっ、ンっ……やぁあぁっ」

ついに我慢できなくなったのか、憂子さんは口からペニスを抜き取り、頰を赤らめてつぶやきました。

「そんなことしたら、欲しくなっちゃいますよ」

「あぁっ」

おそらく、私も彼女と同じような顔をしていたのでしょう。

唇に吸いつき、舌を絡ませて唾液をすすり上げると、ペニスに付着していたしょっぱい味覚が口の中に広がりました。

それすらも昂奮のスパイスと化し、もはや私の性感も我慢できないところまで差し迫っていました。

「後ろの座席へ……いいかい？」

撮影旅行に赴く場合も多く、ワンボックスカーは後部座席がベッドに早変わりする仕様のものでした。

憂子さんがコクリとうなずくと、手首をつかみ、忙《せわ》しなく後方に移動して体をピタリと密着させたんです。

またもや情熱的なキスをして体をまさぐり合い、私はズボンと下着をその場で脱ぎ捨て、彼女もジーンズを脱ぎおろしました。

「恥ずかしいかも」

「私のだって、さんざん見たじゃないか」

「だって……男と女じゃ違うわ」

「違わないよ。恥ずかしいのは同じだ」

抱きついてショーツの上縁から手を忍ばせると、女の秘部はすでに大洪水と化しており、指を動かすたびに、にっちゅにっちゅと卑猥な音が響きました。

厚みを増した肉帯とボリューム溢れる肉粒の感触も、指先にはっきり伝わったんです。

「ヤン、やあぁぁ……」

眉間にしわを刻み、切なげに喘ぐ表情のなんと色っぽかったことか。

首筋に舌を這わせながらセミビキニの布地を引きおろし、足首から抜き取ると、すべすべした生足が目に飛びこみました。

惚《ほ》れぼれするほど長くて白く、狭い車内でコトに及んだら、足がつるのではないかと本気で心配したほどです。

「あ、やっ、だめっ」

片足をつかんで外側に押し出し、股間にぎらついた目を向けたとたん、憂子さんは口元に手を添えて恥じらいました。

その姿がまた男をそそらせ、私は前屈みの体勢から股間に顔を埋《うず》めたんです。

よほどびっくりしたのか、彼女は足を閉じる前にバランスを大きく崩し、股をほぼ押っ広げている状態になりました。

「ヤンっ……あ！」

私は難なく女陰に吸いつき、肉の帯をベロベロと舐め上げました。

「やっ、やっ、だめ、だめです！」

内腿を手で押さえているため、もはや秘園を隠すことはできません。今日は朝から動き回っていたので、たっぷり汗をかき、三角州にはかぐわしい香りが渦巻いていました。

恥ずかしいのは当然のことで、憂子さんは悲鳴に近い声をあげましたが、徐々にか細くなり、次第に甘い響きが含まれました。

「く、倉橋さん……や、やめて……やっ、あ、はぁあぁン」

むんむんとした恥臭を嗅いでいるだけで脳の芯がビリビリ震え、プルーンのような甘ずっぱい味覚が舌をしびれさせました。

私は唾液をたっぷり含ませた舌先を跳ね躍らせ、クリトリスと割れ目沿いを執拗《しつよう》に責め立てたんです。

「ンぅっ、はあぁ、うふぅっ」

彼女は私の髪の毛をわしづかみ、切なげな声を洩らしては腰をくねらせました。

愛液は次から次へと溢れ出し、シーツに滴《したた》るほどの凄まじさで、よほど性的な欲求が溜まっていたのだと思います。やがて恥骨を上下に振り出し、自ら敏感ポイントを口に押しつけてくるほどの積極性を見せつけました。

「はあっ、やあぁ、イクっ、イッちゃいます！」

エロチックな声に背中を押され、私は犬さながら口での愛撫を繰り返しました。

クンニリングスにあれほど時間をかけたのは、初めてのことだったかもしれません。

「あン、イクっ、イックぅぅっ！」

憂子さんは恥骨をクンと迫り出したあと、ヒップをぶるぶると震わせ、エクスタシーに達したようでした。

私はぐったりした彼女を抱きかかえ、椅子に座りなおすと、座位の体勢からペニスを割れ目にあてがい、腰を突き上げました。

「お、おおっ！」

パンパンに張りつめた亀頭は雁首が引っかかりましたが、気合いを込めると、膣の入り口を通過し、勢い余ってズブズブと埋めこまれました。根元まで達したところで腰のスライドを開始すると、憂子さんは正気を取り戻したのか、顔をくしゃりとゆがめました。

「あ、あぁぁっ！」

「ん、むむっ……」

「はあ、いやぁっ……」

熟女は困惑げに眉をひそめたものの、すぐさまこちらの動きに合わせてヒップをバウンドさせせました。

「はっ、はっ、いい、気持ちいい。倉橋さんの、すごく大きくて硬い！」

「私も、気持ちいいよ」

「もっと、もっと突いて！」

おねだりされ、私はあらん限りの力を振り絞り、腰をガンガン突き上げました。

彼女も負けじとヒップを打ち振り、はたまたくるくると回転させ、とろとろの膣肉でペニスをギューギューに引き絞りました。

少しでも油断をすれば、射精していたかもしれません。

奥歯を噛みしめて放出をこらえ、顔面を汗まみれにしながら久方ぶりのセックスに没頭しました。

「はぁあっ、またイッちゃう、イッちゃう！」

「あ、そんなに動いたら……ぐ、おおっ！」

いくらなんでも、このまま中に出すわけにはいきません。あわてて腰の動きを止めたものの、憂子さんのピストンは怯《ひる》むどころか、さらに激しさを増し、ヒップが恥骨を叩く音が絶え間なく響き渡りました。

女盛りを迎えた熟女の貪欲さには、心の底からびっくりしたほどです。

「あぁっ、や、やぁあぁあっ！」

「うむむっ！」

頭の中が霞《かす》みがかり、牡の証が出口に集中した瞬間、豊満なヒップがピタリと止まり、恥骨が前後に振られました。

まさに間一髪、憂子さんは絶頂を迎え、私はかろうじて自制できたんです。

うっとりした表情で快楽の余韻に浸る彼女を抱きかかえたまま、後部座席の背もたれを倒し、今度は正常位の体勢から膣肉をこれでもかと掘り返しました。

「ああ、いやぁ、いやぁっ！」

熟女はむせび泣きという表現がぴったりの嬌声をあげつづけ、ついに我慢の限界を迎えた私は、白い腹部に精液をぶちまけたんです。

五十過ぎの色狂いは治らないという話は、本当のことだったんですね。

憂子さんとの情事から、私は自分の体に新たな力が吹きこまれたような感覚を覚えました。

その後も三回ほど撮影に出かけ、男女の関係を結んだでしょうか。

いまはコロナの影響で会えておらず、あれだけの美人ですから、いつか心が離れてしまうのではないかと、不安な日々を過ごしているんです。

病気で妻に先立たれた孤独な定年男が美熟女家政婦と互いの肉体を貪りあい

佐々木茂　無職・七十一歳

私は高度経済成長の末期、昭和四十七年に大学を卒業して、家電メーカーのサラリーマンになりました。まもなく日本はオイルショックに襲われましたが、私たちにできることは会社のために働くことだけなので、無我夢中で仕事をしました。「モーレツ社員」などと呼ばれた最後の世代なのかもしれません。

二十六歳のときに親戚の紹介で結婚して、二人の息子にも恵まれましたが、家のことは家内に任せっきりでした。ローンで建売住宅を買って、毎月の生活に困らないように収入を得るのが私の役目だと思っていたのです。

六十歳の定年退職を迎えた平成二十一年まで、本当に会社人間でした。

定年後は家電量販店に契約社員として勤務しました。在庫管理が主な仕事です。メーカーの営業としてバリバリ働いていた身としては、それほどやりがいのある仕事ではありません。それでも何もしないよりはましだと思って働いていました。

息子たちはずいぶん前に独立していたので、定時に退社して家に帰ると、家内と二人きりでした。それまでほとんど家にいなかったので、何を話していいのかもわかりませんでした。それでも、夫らしいことを何もしてこなかった罪滅ぼしに、いっしょにできる趣味でも探そうかと考えていた矢先のことでした。

妻の乳がんが発見されたのです。すでに転移が進んでいて、のっぴきならない状態だと告げられました。そして、本当にあっけなく逝《い》ってしまったのです。

ショックと後悔で立ち直れないほどのダメージを受けました。精神的に落ち込んで仕事も辞めてしまいました。そのとき私は六十四歳でした。

私を心配した長男が同居しようと提案してくれました。私は従うことにしました。家を売って長男のマンションに引っ越したのです。マンションは3LDKで、私のために陽当たりのいい部屋を用意してくれました。

孫は高校生の男の子が一人。爺バカかもしれませんが素直でやさしい子です。あれこれといまどきの流行《はや》りを聞かせてくれたり、スマホの使い方などを教えてくれます。

孫の存在がうれしいと同時に、その若さがまぶしくて仕方ありませんでした。私自身の気力は充実しているとは言いがたく、何もやる気が起こらないのです。

日がな一日、これといって何もせずに過ぎ去っていく。そんな毎日でした。このまま私の人生は幕が閉じるのだろう。そんなことまで考えていました。

そんな中で唯一、いやされる時間というか、楽しみにしていることがありました。週に一回、私が一人で家にいる平日の午前中に、家事代行サービスの女性がやってくるのです。掃除を中心に依頼しているようで、台所や風呂場の水回りから、トイレ、部屋の隅々まできれいに磨き上げていきます。

その女性がなかなかの美貌でスタイルもいいのです。年のころなら四十歳前後、アラフォーに見受けられました。若いお嬢さんというのは言いすぎかもしれませんが、私にとっては娘みたいな年齢なのはまちがいありません。

テキパキと手際のいい掃除っぷりも心地よくて、リビングのソファで新聞を読むふりをしながら、彼女が働く姿を盗み見るのが週に一度の楽しみになっていました。

もちろん、古稀《こき》を過ぎても男は男ですから、少なからずそういう目で見ていたこともまちがいありません。その意味でもうれしい時間だったのです。

家事代行会社の制服は、白い半そでポロシャツにオレンジの胸当てエプロンをかけて、彼女のサラサラの長い髪は三角巾でまとめられていました。下はカーキ色のタイトなストレッチパンツを穿いていました。丸いヒップやなかなかの美脚が浮き彫りになって、パンティラインまで見て取れるときも多かったのです。

エプロンに名札がついているので、「渡辺美智代《わたなべみちよ》さん」という名前だということは知っていましたが、そのときは、まだ呼んだことがありませんでした。

美智代さんが一所懸命に掃除をしていると、むっちりとしたお尻の肉が弾むように動き、浮いたエプロンの横から揺れる乳房も目に飛び込んできました。私はいつも、その光景を密かに鑑賞して、年がいもなくドキドキしていました。

そんなある日、美智代さんが仕事中にフラッとして座り込んで、立てなくなってしまったのです。私があわてて救急車を呼ぼうとすると、彼女に制されました。

「大丈夫です。軽い貧血ですから、少しだけ休ませていただければ」

顔色は悪いけれど意識はちゃんとしているようなので、私はこう言いました。

「それじゃ、ちょっと横になってください」

そして、押し入れから布団を引っ張り出して、リビングに敷いたのです。

「ありがとうございます。では、お言葉に甘えて……」

美智代さんは女らしい仕草でエプロンと三角巾をはずし、恥ずかしそうに布団にもぐりこみました。よほど疲れていたのでしょう。あおむけで肩まで布団をかけた美智代さんは、目をつぶるとすぐにウトウトと眠りについてしまいました。

その寝顔がかわいらしいので、私は傍《かたわら》で見つめていました。徐々に顔色もよくなっていき安心しました。二、三十分はそうしていたでしょうか。

美智代さんがパッと目を開けて、驚いたような顔をしました。思いきり至近距離で正面から視線がぶつかって、私はアタフタしてしまいました。

「あ、あ、起きられ……ましたか」

「すいません、もう大丈夫です」

立ち上がろうとした美智代さんは、まだ足元がおぼつかないようでした。

「もう少し、横になってたほうがいいですよ」

「そうさせて、いただきます」

そう言って、美智代さんは再び布団に入りました。

「ご迷惑をおかけして、申し訳ありません。恥ずかしい話ですが、実は……」

本当に申し訳なさそうな顔で、美智代さんが身の上話を始めました。

聞けば、美智代さんの家族は夫と娘二人の四人家族。下の娘さんが小学校に入学した四年前から家事代行サービスのパートを始め、証券会社のサラリーマンだった夫との共働きで、仲よく幸せな生活をしていたそうです。

ところが、一年ほど前に夫が会社の業績不振のあおりを受けて、リストラされてしまっまったのだと言います。失職した夫は再就職先を探すどころか、自暴自棄になりパチンコ通いの毎日を過ごしているのだとか。

すでに貯金は底をつき、家計が赤字になるのも時間の問題らしく、美智代さんが無理なシフトで家事代行の仕事を入れて、なんとかギリギリのところで家族四人の生活を支えているのだということでした。

「言いわけにもならないのですが、疲れが溜まっていて、こんなことに……」

もう一度、おわびの言葉を口にすると、彼女の声が聞こえなくなりました。

見ると再びスヤスヤと眠っていました。こんな私でも、心の内を明かすことができて少しは楽になったのかもしれません。今度は熟睡したようでした。

やるせない気持ちで私も再び彼女の寝顔に見入りました。世の中とはなんて理不尽なものなのでしょう。こんなにけなげでやさしい女性にそんな苦労を与えるなんて。

サラサラの長い黒髪が、女らしさを際立たせていました。

小さい耳は清潔感に満ちて、艶々《つやつや》の唇がわずかに開いていました。

柔らかそうな頬、スッと通った鼻筋、見飽きることはありませんでした。

どのくらい長いこと、見つめていたかわかりません。美智代さんの顔に魅入っているうちに、愛おしさとふらちな感情が混じり合ってわき上がってきました。

いましめる自分と、そそのかす自分が、心の中で葛藤《かっとう》していました。

取って食おうというわけじゃない。もう少しだけ身近に感じたいだけだ。そそのかす自分に負けてしまいました。私は我慢できなかったのです。

勝手に自分の手が伸びて、美智代さんの髪をなでていました。スルスルのさわり心地を味わっているうちに、さらに気持ちが盛り上がってしまいました。

髪をなでながら彼女の首筋に顔を近づけて、鼻から息を吸い込みました。甘く狂おしい女性の匂いが、鼻孔の奥いっぱいに広がりました。すっかり忘れていましたが、男の欲望を刺激するフェロモン臭とでもいうのでしょうか。

私はさらに刺激を求める自分を抑えることができなくなってしまいました。

ただ、彼女が目覚めたら適当にごまかすことができるだろう。いくらなんでもその程度で自分の悪戯《いたずら》は終わるだろうと、そう思っていたのです。

そして、ゆっくりと掛け布団をめくっていきました。

ポロシャツに浮かぶ乳房のシルエットが露《あらわ》になってきました。誘われるままに体温が伝わってくるほど鼻を寄せて、クンクンと匂いを嗅いでみました。

恐るおそる、まるまるとした乳房の膨らみをなでてみました。もちろんポロシャツの下にはブラジャーをしていましたが、巨乳と言っていいほどの稜線のなめらかさと、やさしい温かさが伝わってきました。コワレモノを扱うようになで回しました。

洋服の上からとはいえ、女性の乳房をさわるなど何年ぶりだったでしょうか。もっと感触を思い出したいという気持ちが強くなって、指に力が入ってしまいました。恐るおそるですが、両手でおっぱいをもんでしまったのです。

しばらくもんでいると、彼女が「う～ん」と身をよじりました。

私はあわてて手を引っ込めて、ジッと息を潜《ひそ》めました。

やがて美智代さんが、目をつぶったまま「あの……」とつぶやきました。

それから、やさしくこう言ったのです。

「親切にしていただいたお礼と言ってはなんですけど、もっと、ちゃんとさわってくださってもいいですよ。私は、もう少しの間、眠っていますから」

私には彼女が菩薩《ぼさつ》のように見えました。気力を失っている私のために、神がつかわした女神なのではないかと、本気でそんなことを思いました。

しかし、いいと言われたからといって、「はい、そうですか」とよろこび勇んでさわりまくるのも、いい年をして恥ずかしい。そんなことも考えていました。

ドクンドクンと高鳴る心臓を感じながら、私は躊躇《ちゅうちょ》していました。

すると美智代さんが、目をつぶったまま、ゆっくりとポロシャツのすそをまくり上げていったのです。白いレースのブラジャーが露になりました。

「あぁッ……美智代さん」

私は思わずそうつぶやいて、両手でブラジャーのカップをおおい、ゆっくりとひねるようにもみました。おっぱいの肉がおもしろいほどよじれました。

「あ、あ、あの、私はなんと呼べばよろしいでしょう？」

「え……それじゃ、茂《しげる》と」

「はい、茂さん」

それでも美智代さんは目をつぶったままでした。私は少しずつ、少しずつ、乳房をもむ指先に力を加えていきました。そして、こんなことを言ってしまいました。

「ブラジャーを、はずしてもらえませんか？」

「はずしてもらって、けっこうですよ」

予想外の答えにさらに興奮しました。正面から彼女に抱きつくようにして背中のホックをはずしました。ゆるんだカップをめくり上げると、生の乳房が顔を出しました。

「アン」と小さい声が聞こえました。

二人の子どもを産んだとは思えないほど、彼女のおっぱいはとても美しいものでした。すでにピンと勃起した乳首も、小ぶりで色素沈着がほとんどありませんでした。

私は生の乳房に十本の指を埋《うず》めて、柔らかい肉をたっぷりともみ込んだのです。

「ハァ、ハァ、こんなふうにさわられたら……」

美智代さんの息遣いが荒くなっていきました。私は堪《たま》らなくなって、思わず種なしブドウのような乳首を口に含んでしまいました。その瞬間、彼女の全身がビクビクッと反応しました。口に含んだまま、舌で弾くように舐め上げると、ビクビクと痙攣するような彼女の反応が止まらなくなりました。

「はっ、はぁう……久しぶりだから、感じすぎて恥ずかしいです」

無理な仕事と家事で疲れきっている美智代さんは、荒《すさ》んだ生活をやめようとしない夫とのセックスも、すっかりご無沙汰なのでしょう。私はさらに彼女が愛おしくなって、もういくところまでいってやろうと決心しました。

「あぁッ、そんなに激しく……感じちゃう」

私は乳首に吸いつき、しゃぶりつきながら、ブラジャーとポロシャツを脱がして、彼女の上半身を裸にしてしまいました。それから掛け布団を足元まではだけると、ストレッチパンツを穿いたままの下半身が、モジモジとうごめいていました。

何年ぶり、いえ、何十年ぶりかで、私は女性を自分のものにしたいという男の感情に支配されていました。自分にそんな気持ちがよみがえるとは、思ってもいませんでした。

下腹部も熱くなって、股間に血が流れ込んでいるような気がしました。

「美智代さん！」

四つん這いになって彼女の下半身におおい被さり、腰を抱きかかえるようにして、ストレッチパンツの両サイドに指をかけると、すらりとした指がサッと伸びてきて、ウエストのゴムをギュッと握りました。

「や、やっぱり、これ以上は……」

見上げると切れ長の瞳が小刻みに震えて、泣き出しそうな顔をしていました。

「だって、私まだ仕事中ですし……」

急に我に返って、自分のやっていることが怖くなったのかもしれません。だけど私はやめるわけにはいきませんでした。すっかり勃起していたのです。まだズボンを穿いたままでしたが、性的な興奮で完全な状態に勃起しているのがわかりました。

定年退職してから、初めてのことだったかもしれません。

「こうなってしまったら、男はやめられないんです」

私はそう言って、ストレッチパンツの上からガバッと、美智代さんの股間のYゾーンに顔を埋めてしまいました。ビクッと彼女の全身が弾んで、「そんな……」と蚊の鳴くような声が聞こえてきました。

私はグリグリと顔面を股間に押しつけながら言いました。

「美智代さん、エッチな匂いがしますよ」

「いやっ、やめて！」

彼女がウエストのゴムを握っていた指を離し、両手で顔をおおいました。すかさず私は、ストレッチパンツをショーツごとおろして抜き取ってしまいました。

「あ、ああ、ダメ……です」

ピンと伸びきった体には、怖いほど力が入っていました。

私はこのまま一気に勝負を決めなければと、美智代さんの丸いお尻を両手で抱えて、ググッと持ち上げていきました。しみ一つないヒップが天井を向いて、ムチッと剝き出してきました。女らしい体が丸まって両足が頭の上まで伸びていきました。私の目の前に陰毛が揺れて、小陰唇がぱっくりと口を開けていました。

「やめてっ、恥ずかし……すぎます」

マングリ返しをさらに押し込んで、両膝の裏をつかんで左右に広げていきました。

「うぐっ、ひっ、だめ……」

太腿が開くに連れて、下腹部、たわわな乳房が視界に現れ、完全に脚がVの字に広がると、とまどいながらも発情したような美智代さんの顔がのぞいてきました。

「そ、そんなに……広げないでください」

あまりにもいやらしいマングリ返しの景色に、鼻の奥が痛くなりました。

「こんなに、濡れてますよ」

イヤイヤと頭を振る美智代さんを見つめながら、股間に顔を埋めてジュルジュルと愛液を吸い上げました。舌を突き出して、右側、左側と大陰唇と小陰唇の間に這い回らせました。開いた小陰唇の内側を何度も舐め上げました。

「はぁっ、あうっ、はふぅっ」

美智代さんは息を弾ませながらクンニに視線を向けていました。瞳を見開き唇を半開きにして、ロングヘアをゆらしていました。私は彼女の膝を押さえていた両手を裏腿伝いに股間に這わせていきました。そして、小陰唇を指で広げて、クリトリスを剝き出しにしたのです。

「そ、そこは……あッ、そんな、ああーッ！」

米粒ほどの肉の突起を何度も舌先で弾き上げました。そのたびに彼女が「はッ」「あぅ」と声を洩らして、ヒップを張りつめてきました。しつこいほどに舐めつづけました。

「こ、こんなの、おかしくなっちゃいます」

両手の指で、ネチャッネチャッと小陰唇を開閉しながら問いかけました。

「美智代さん、気持ちいいんですね？」

彼女は上気した顔で首を左右に振って、布団に広がるロングヘアを波打たせました。

私は右手の指でクリトリスをこね回しながら、問いつめていきました。

「気持ちいいんですよね？」

「し、知りません、あぁーっ！」

クリトリスを親指と人差し指で振動させながら、尖らせた舌でおしっこの穴から膣口まで舐めつけました。指と舌をフルに使って責め立てていきました。指の腹でクリトリスをこすり回し、膣の入り口を舐めつけ、グイグイと舌先を埋め込みました。

すると美智代さんが、「すごい！」と全身をひくつかせました。ビクビクと肩を弾ませ、丸まった体が小刻みに痙攣を繰り返して、足の指が開いていきました。

膣口がせわしなく収縮しはじめると、彼女が吐き出すように言いました。

「イクッ、イちゃう！」

私はその瞬間、さっと指を離して、舌の動きも止めてしまいました。

硬直した美智代さんの全身から、フウッと力が抜けていきました。

舌をヴァギナから遠ざけて、お尻、裏腿、ふくらはぎまで舐め回しました。

「んんっ……い、いじわるです」

陰毛をしゃぶり、恥骨の膨らみにキスを繰り返し、大陰唇の外側を丹念に舐めつけました。クリトリスぎりぎりで、舌を動かして見せつけました。ヴァギナの割れ目を大きく広げて、ふれるかふれないかで舐めるふり、しゃぶるまねを続けました。

「ああ、ちゃんと……舐めてください」

「どこをですか？」

見つめ合う視線をスッとはずして、美智代さんがポツッとささやきました。

「お……おま○こ」

「え？　よく聞こえません」

「イヤ、はやく……おま○こを舐めてください！」

私は右手の中指を膣口に押し当て、蜂蜜のような愛液をかき回しました。そのまま膣粘膜の中にヌルヌルと埋め込んでいきました。

「違う、舐めて……って」

美智代さんがあせったように言いました。私は出し入れを見せつけました。

「あっ、そんな、あうっ！」

彼女の喘ぎ声と指入れのぬかるんだ音が、リビングに響き渡りました。

「おま○こに、指が入ってますよ」

美智代さんが両手を伸ばして私の太腿をつかみ、訴えるようにささやいてきました。

「そんなこと、い、言わなくても……わかります」

私は中指に人差し指も絡めて埋め込んでいきました。

「ほら、見えますか？　二本入りましたよ」

「あうっ、いや、いやらしいです」

指が出入りする膣口の手前で、細かい放射線を描くお尻の穴が収縮していました。

「な、な、なにするんですか？」

ヒップを両腕で左右から押さえ込んで、アナルを舐め回していきました。

「イヤイヤ、そんなこと……んぐぅ」

右手の中指と人差し指を膣の中に出し入れしながら、アナルを舐めつけ、左手の指でクリトリスもさわりました。三カ所を同時に責めました。

「ダメダメ……いやっ……あくぅ、気持ちいぃ！」

私は若いときだって、そんなにいやらしく女性を責めたことはありませんでした。それがあたりまえにできてしまったのです。七十歳を越えて新しい自分が顔を現したような不思議な気分で、私は美智代さんを責めつづけました。

「あぁっ、いくいく、イッくぅーッ！」

マングリ返しに丸まった体が、ビクンビクンと飛び跳ねました。

「も、もうダメ……許してください」

私が身を離すと、抜けるように白い裸体が布団の上に伸びきっていきました。私も洋服を脱いで全裸になると、全身に滝のような汗が流れていました。

「美智代さん、ち○ぽを入れましょうか？」

「ど、どうして……そういうことばっかり言うんですか」

私は傍のソファに美智代さんを寄りかからせて、膝を立たせて脚をM字に開かせました。その正面からにじり寄って、ペニスをヴァギナに近づけていったんです。

「ち○ぽが入るところも、見たいですよね？」

「そ、そんなこと……ありません」

亀頭を愛液にまみれたヴァギナに押しつけて、グチュグチュ、グチュッと音を立ててこすり合わせました。うつむいた美智代さんが息を呑んで見つめていました。

「入れますよ……よく見ててください」

交わろうとする性器を覗き見ながら、美智代さんが子どものようにコクリとうなずきました。ヌメリヌメリと、ペニスが膣の穴に沈むに連れて、大股開きの体にぐぅぅっと力が入っていきました。美智代さんがイヤイヤと髪を振り乱しました。

私は亀頭の先まで引き抜いてから、ゆっくりと根元まで埋め込んでいきました。二人がのぞき込む股間の合わせ目で、なまなましい挿入シーンが何度も繰り返されました。

「あぁ、こんな……い、いやらしいです」

じっと見つめる美智代さんの表情は、熱にうなされるように火照っていました。

「はぁ、はぁ、どうしよう……おま○こ、気持ちいい」

それを聞いた私の全身を興奮が駆け巡って、徐々にピストンのスピードを上げていきました。やがて丸見えの挿入シーンは、グチャッグチャッと音を響かせる、激しい突き入れの連続になっていったのです。

「ダメ、そんな……す、すごいっ！」

大きいストロークのペニスを受け止めるように、美智代さんの全身にグッグッと力が入っていました。エロティックな表情で快感を訴えてきました。

「あうぅ、茂さんのち○ぽ、すごく感じますぅ」

狂おしい腰つきでM字に開いた脚の中心、股間をしゃくり上げていました。

挿入部分がブジュブジュと泡立って、濃厚な愛液がペニスの幹を伝わり流れ、私の太腿まで濡らしていました。私はうなされるように願望を口にしました。

「美智代さん、う、後ろからも……入れたい」

グジュッとペニスを引き抜き、美智代さんが自ら四つん這いになって、発情期のメス猫のようにお尻をつき上げました。

「恥ずかしいけど、バック……大好きです」

私は相撲の四股のように脚を踏ん張って、すかさずペニスを埋め込みました。

「あっ、あああっ、奥まできますぅ」

「くぅー、きつい。締まりますぅ」

むっちりと丸いお尻の膨らみをもみくちゃにしながら、ぶつけるように出し入れしました。つき立ての餅のようなお尻の肉は、しみ出した汗と滴《したた》り流れたエッチな汁でヌルヌルとすべり、信じられないほどいやらしいもみ心地でした。

「ダメ、すごい、こんなの死んじゃう！」

美智代さんが肩をわななかせながら、布団に顔を突っ伏していきました。

ヒップがさらに突き上がってきました。女らしい丸みと量感に満ちたお尻の先に、くびれたウエスト、なめらかな稜線を描く背中、肩甲骨から華奢《きゃしゃ》な肩、黒髪が分かれてのぞく色っぽいうなじ、その全体が狂おしく喘いでいました。

「う、出る……このまま出すよ、美智代さん！」

「はい、いっぱいください……茂さん！」

驚いたことに、射精の感覚も何十年も若返ったようでした。破裂しそうな勢いで精液の熱いかたまりが飛び出していきました。

「むぐぅ、す、すごい」

最後の一滴まで腰の振りつけが止まりませんでした。それはまるで、中学のときに味わった精通を彷彿とさせるような、強烈な快感でした。

それから何度か、私と美智代さんの関係は続いたのですが、突然、家事代行サービスの担当が変わってしまいました。会社にバレたわけではないのでしょうが。

もっとも今度の女性もなかなかの器量よしでした。大きいお尻が私の好みにぴったりです。もう少し馴染みになったら、アタックしてみようと思っています。

それだけじゃなくて、簡単な仕事でもいいからできることはないかと、探しはじめました。長男夫婦や孫からは元気になったとよろこばれています。こんなふうに前向きになれたのは美智代さんのおかげです。本当に感謝しています。

図書館の書庫で熟女のオナニー鑑賞！久しぶりに勃起した肉棒を艶穴に……

野村茂雄　図書館職員・六十三歳

図書館というのは、以前は司書の資格を持った、本好きの人が働く場でしたが、いまは派遣会社から派遣されたバイトを雇う時代です。だから昔のように本が好きとか読書が好きとかいう人は少なくて、なんでもいいから生活のために仕事したいという人が増えました。

私は、東京都下の図書館に勤務していますが、やはり働いているのは、そういう主婦やフリーター、学生がほとんどです。年齢もばらばらです。

もちろん、べつにきちんと仕事してくれれば、どんな人でも文句はありません。むしろ、なんとなく気楽になったなと思います。

私は六十三歳で、一人暮らしです。十年前に妻に先立たれてからは、自分だけが生きていけるだけの収入があればいいと思い、図書館で働くようになりました。

若いころに大型書店の売り場主任をしていた経験を見込まれて、最初からけっこう責任あるポジションに置いてもらったのですが、おかげで給料も思ったよりよくて、とても助かっています。

そしてもう一つ、最近、この仕事に新たな楽しみが増えました。とても人に言えるようなことではありませんが、しかし秘密にしておくのもなんだか我慢できないというか、だれかに自慢したいような話です。

三カ月ほど前から働いている、宮原静香《みやはらしずか》さんという四十歳の主婦のことです。長年専業主婦をしていたが、新型コロナの影響でご主人の収入が不安定になり、初めて図書館で働くようになったという女性です。

私はバイトの人たちをどこに配置するかを決める担当なのですが、迷うことなく、静香さんを地下の書庫の整理担当にしました。

それというのも、ちょっとした下心があったからです。

静香さんは、ぽっちゃりしています。どんな服を着ていても、胸やお尻がむっちりとふくらんでいます。四十歳なので、若々しくてピチピチした体というわけではないのですが、逆にしっとりとした色気が漂っていて、なんともいえないエロスが溢れる、そんな女性です。エッチな女将《おかみ》か仲居さんみたいな感じといえば伝わるでしょうか。

まさに、私好みの女性です。

六十を過ぎてから、もう若いときみたいに下半身が元気になることも少なくなりましたが、静香さんを初めて見たとき、珍しくモノが反応しました。

この人となら、もう一度セックスしたい。そう思ったほどです。

そんな静香さんをなるべく眺めていたい。そんな理由から、私は静香さんを地下の書庫の担当にしたのです。じつは私も地下担当です。だから一日中二人きりなのです。

しかも、書庫での作業というのは、上の階から運ばれてくる本を収納したり、請求があった本を探し出したりすることです。当然、動きが多くなり、ときには脚立に上がって高いところにある本を取り出すこともあります。

そんなわけで、地下にいれば、ぽっちゃりした静香さんが思いきり動き回っている姿を独占できるというわけです。

二人で手分けしてやる仕事ですが、私は自分の年齢を言いわけにして、静香さんになるべく高い書棚をお願いします。

静香さんはイヤな顔ひとつせず、脚立にのぼって、本を入れたり出したりします。

そしてそんな姿を私は下から眺めるのです。

むっちりしたお尻をくねらせながら脚立をのぼる姿を見ていると、ぴっちりと柔肉の詰まった形のいいお尻が左右にいやらしく動くのがわかります。ちょっとお尻を突き出す格好になると、もし全裸だったら何が見えるのだろう、などと想像します。

本を運ぶときは、重量感のある巨乳を拝むことができます。微妙にブルブル揺れている感じが、まるで誘っているかのようです。

おかげで私は、仕事中ずっと勃起していることもあります。

それに、思春期の少年みたいだと自分でもおかしくなるのですが、いまさらのようにマスターベーションもするようになりました。しばらくはそんな欲望もなかったのですが、静香さんをオカズにして、激しくしごくようになったのです。

もちろん、そんなことは彼女には内緒です。仕事中はあくまでもまじめな顔をしていました。

ところが、ある日のこと、思いがけないことを言われたのです。午後の仕事がひと段落したときのことでした。

「静香さんが、よく働いてくれるから助かりますよ」

なにげなくそう言うと、静香さんは、うつむいてニコリと笑いました。

「野村《のむら》さんは、私が動き回ってるのがいいんでしょ？」

「え？」

「知ってますよ、いつも見てるでしょう？　私の体……」

「いや、そ、そんなことは……」

あわててしまいました。まさか気づかれているとは思いませんでした。

「ごまかさなくてもいいですよ、野村さんがいやらしい目で私のぽっちゃりした体を舐めるように見てるの、ずっと気づいてましたよ……」

そこまではっきり言われてしまったら、もう認めるしかありません。私は素直に謝りました。すると静香さんは、口元に色っぽい笑みを浮かべました。

「謝らないでください、私、本当はうれしいんです」

「え？　うれしい？」

「まだまだ私のことを女として見てくれる人がいると思うと、なんだか張り合いがあります。うちの主人は、まだ四十五歳ですけど、もう夜のほうが全然ダメなんです。わけを聞いたら、いまさら私を見てもムラムラしないって」

「そうなんですか？　もったいない、魅力的な体なのに」

「そう言ってくれるの、野村さんだけです。うれしい。私の体って、まだまだイケますか？　そそる体だと思いますか？」

「もちろんです。この年になったらもう女性に欲情することなんかないと思ってましたが、静香さんを見てると、その、つまり……」

「もしかして、勃起……しちゃいます？」

静香さんの口から「勃起」という言葉が出て、私はうずきました。

「正直言って、はい、久しぶりに自分が男だということを自覚します」

「うれしい……」

静香さんはそう言って私の腕をつかんできました。そして、豊満な乳房を二の腕に押しつけながら、グイグイとこすりつけてきました。

「もしかして、私のこと、オカズにしたりしてます？」

そこまできたら、もう正直に言おうと思いました。

「はい、正直に白状しますが、静香さんをオカズにしてセンズリしてます」

「やだ、センズリだなんて……恥ずかしいです。でも、なんか感激です。じゃあ、私も大胆な告白していいですか？」

「ええ、どうぞ」

「私、野村さんに体をジロジロ見られると、すごく濡れてくるんです。夜のアレが全然ないからすごく興奮しやすくなってて、お仕事終わると、下着がシミだらけになってるんですよ」

「ほんとに？」

「はい、で、私もしちゃうんです、その、オ、オナニー……マンズリです」

「マンズリ？　静香さんが？」

「野村さんのいやらしい目線を思い出して、夜中にこっそり、自分でさわるんです。寝てる主人の横で野村さんのこと考えながら、オマメさわってるんです」

静香さんの口から飛び出す卑猥な言葉に、私はもうビンビンでした。

「私、若いときから露出願望っていうか、見られたい願望があるんです。男性にエロい目で見られると、それだけでうずくんです。もし許されるなら、ここでも全裸になって仕事したいくらいです。それで、脚立に上がってるときに下から見られたり、しゃがんでるときにアソコをのぞき込まれたりしたら、私、きっとそれだけで、ビショビショになるんじゃないかって思います……」

図書館なのに、なんてことを話してるんだろう。そう思えば思うほど、私は興奮が収まりませんでした。お互いの秘密を告白し合うと、とても恥ずかしいのですが、静香さんとの距離が縮まったような気がしました。

それ以来、彼女は仕事をしながら、わざと私に豊かな胸元やスカートの中をのぞかせるようになりました。自分から脚立の上でお尻を突き出したり、しゃがんだ格好で足を開いて、パンティを丸見えにしたりするのです。私は仕事中ずっと勃起しっぱなしになりました。自分でもびっくりです。

そして、とうとう、一線を超える日が来たのです。

ある蒸し暑い午後のことでした。かなり薄着をしていた彼女は、私の目線を意識しているのか、いつも以上に体をくねらせ、乳房やお尻を強調しながら動き回っていたのです。それで私のほうも、つい、いつもより露骨に見ていたのですが、彼女はそれで興奮したのか、書棚にもたれて両手で自分の胸をもみはじめたのです。

「野村さん、もう我慢できません、私、ずっとしてないから、野村さんのいやらしい目で発情しちゃって、うずいてしまいます」

そしてそのまま服の下に手を入れて、乳首をさわりはじめ、さらにもう片方の手をワンピースの下にもぐり込ませて、股のところをさわりだしました。

「お願いです、野村さん、私のいやらしいマンズリ見てください、見られると興奮するんです。この豊満な体を自分でいじるところ、見てください。お願い」

「静香さん、そんなことされたら……」

性癖を全開にしてオナニーする静香さんを見ながら、私の我慢も限界になりました。自分の股間を押さえて、ズボンの上からこすり上げてしまいました。

「ああ、エッチ、私を見て硬くなったんですか？」

「もう、ビンビンです」

静香さんはワンピースのボタンをはずし、ブラジャーをずらしました。ブルンと巨乳がこぼれ落ちました。さらにすそをまくってパンティもずりおろしたので、濃い茂みも露《あらわ》になりました。そこはもう、ヌメヌメと濡れていました。

「見て、お願い、私の体を見てセンズリして！」

私はファスナーをおろし、ペニスを引っ張り出しました。職場なのになんてことをしてるんだろうと思いましたが、年がいもなく理性を失った私は、見せつけるようにしごき上げました。自慰行為の見せっこをしたのです。

「ああ、すごいです！　静香さん、私のものが、こんなになってしまって」

「野村さんのおち○ぽ、すごく立派！　私、はしたない女になりそうです」

そう言うと、勃起したそれを見ながら、静香さんはクリトリスをこすりはじめました。女性のオナニーをナマで見るのは初めてでした。指先が小刻みに動き、静かな図書館の地下室に、クチュクチュという卑猥な音が響いていました。

「もうダメ、いいでしょう？　お願い、許してくださいね」

そう言うと、茂みの中で指を動かしながら跪《ひざまず》き、そして私の昂《たかぶ》りの匂いを嗅ぎました。臭いはずなのに思いきり匂いを嗅いでうっとりした顔をしたかと思うと、大きく口をあけて、それを含みました。

「ああ、そんなことまで」

「だって我慢できないんです、おち○ぽ舐めたくてたまらなかった。ずっとこういうことしてなくて頭おかしくなりそうなんです。ああ、おいしい……」

唾液をまぶしながらペニスをしゃぶりまくり、ペニスを持ち上げてタマ袋のほうまで舐め回し、ときどき匂いを嗅いではうっとりした顔をしている静香さんの顔を見おろしていると、私のほうも我慢できなくなりました。

「お願いです、もっと近くで見せてください」

そう言って、今度は私のほうが静香さんの足元に跪きました。

「ああ、見て、私がマンズリしてるところ見てください」

彼女はワンピースをまくり上げ、豊満で重量感のある下半身を丸出しにすると、パンティを膝下までずり下げました。そしてガニ股の恥ずかしい格好になると、割れ目を刺激しはじめました。陰毛をかき分け、割れ目を左右に開くと、ぬるぬるした愛液や白い恥垢にまみれたクリトリスが剝き出しになりました。それを指先で上下左右になぶるようにさわりながら、膝をガクガクさせています。

その卑猥な下半身をわずか数十センチの至近距離で見ながら、私もいきり立ったモノをこすり上げました。

「すごい、私のマンズリ見てしごいてるんですね、いやらしい、私のオマメいじり見ながら、おち○ぽこすり上げてる、私、オカズにされてる……」

いやらしい言葉をうわごとのようにつぶやきながら、静香さんは腰をガクガクさせてさわりまくっています。むっちりした太腿の内側に溢れた愛液が垂れて、すごく濃厚な匂いがしていました。

「すごいです、静香さんのオマメ、とても大きくなってますよ。こんな大きなクリトリス見たの初めてですよ」

「言わないで、すごく恥ずかしいです。オマメが大きいとすごくエロい女みたい」

「私は好きですよ、こんな大きなクリトリス、そそります」

「いやあ、お願い、私の勃起クリを、そのいやらしいイチモツでいじめて欲しい」

私は立ち上がると、勃起したモノを静香さんの股間に近づけました。

そして、パンパンにふくらんだ熱い亀頭の先を静香さんの濃厚な陰毛に埋《うず》めて、そのままクリトリスをこすりました。

お互いの性器をこすり合わせてるのを見おろしながら、静香さんは、いやらしいいやらしいと繰り返し、ますます感じまくって太腿を震わせました。

「こんなことしたかったんです……私、本当はすごくいやらしい女なんです。欲求不満の人妻のおま○こを、もっといじめてください！」

ワンピースからこぼれ落ちている巨乳を両手でわしづかみにし、むしゃぶりつきました。ものすごい弾力が顔に跳ね返ってきます。その感触をいつも想像していたのです。両手でもみしだきながら乳首を吸い、しゃぶり、かじりました。静香さんは必死で喘ぎ声を我慢しながらも、卑猥な言葉を口にして全身を震わせながら快感を表しています。そんな反応するとは思いませんでした。

今度は彼女を後ろ向きにしました。書棚に両手をつかせてお尻を突き出させると、そのお尻の間に顔を埋めました。

すっとそうしたかったのです。人妻のムッチリしたお尻の割れ目に顔を埋めて、思いきり匂いを嗅いだり舐めたりしたい。やっとその夢が果たせました。

濃厚な尻肉を広げると、キュッと引き締まったアナルが丸見えになり、さらにその下にはびっしょり濡れた女性器のヒダが広がっています。ずっと見たかった部分をじっくりと目で楽しみ、それから顔を埋め、匂いを堪能《たんのう》し、舌を伸ばして味わいました。

何をしても、静香さんは昂った声をあげて反応します。

お尻の割れ目に顔を押しつけると、顔全体にお尻の肉のすごい圧迫感があります。それがたまらないのです。ずっと妄想していたのはこれです。静香さんの巨尻の圧力です。それは思った以上のものでした。

指を入れると、ニュルニュルという感触で一気に奥まで入ってしまいました。中で動かすと、大きなお尻を揺らしながら「ああ、ダメ、動かさないで……」とうめきます。

ゆっくりと出し入れすると、どんどんお尻を突き出して、アナルが丸見えになりました。そこにも舌を這わせ舌先を突っ込むと、静香さんは切羽詰まった声をあげました。

「そんなこと……もうダメです、お願い、入れてください！　私のいやらしい穴を、そのぶっといイチモツで埋めて欲しい」

もちろん、私のほうももう理性などありません。

立ち上がると、ペニスの先端を物欲しそうにしている性器にこすりつけました。ちょっと力を入れると、すぐに奥まで吸い込まれそうでした。すこし我慢して、じらすようにして入り口を亀頭でまさぐっていると、巨大なお尻がせかすように揺れました。

「じらさないで、早く入れてください、お願い！」

両手でお尻を抱えるようにして、グッと押し込めました。思ったとおり硬いペニスは一気に呑み込まれ、奥を突きました。

「あああ、これ！　ずっと欲しかった……」

静香さんはもうしどろもどろの声で、いろんなことを口走っています。それを聞きながら、少しずつピストンしていきました。

ともかく、すごく熱かったのを覚えています。女性器の中というのは、こんなに熱いものだったのかと意外な感じでした。しかも、ピストンするにつれてどんどん締めつけてきます。あたりまえのことですが、自分でするよりもはるかに気持ちよくて、しかも突くたびに巨尻の肉がブルブル揺れてるのがいやらしくて、気がつくとかなり激しく前後運動していました。

「すごい、すごいです！　これ欲しかった、この感じ、ずっと飢えてました」

静香さんは自分でもお尻を揺らしていました。

両手を前に回して、巨乳をつかみ、思いきり搾るようにもみました。

「ああ、それ好き。もっと搾って。私のお乳を搾って！」

まるで、二人ともケモノのようでした。自分のどこにこんな力があったのかと思うくらいに突きまくると、静香さんも自分の手で口をおおって大声が洩れるのを我慢しながら、でも性器からはどんどん熱い液を溢れさせていました。

そのうち静香さんは「イク、イク……」と言い出しました。

私も、すぐにでも射精しそうでしたが、その興奮を少しでも長引かせたくて、必死で我慢していました。それに年齢を考えたら、一度射精してしまえば、二回戦はないと思ったのです。そう簡単に終わらせるわけにはいきません。

でも、その我慢もそう長くはもちませんでした。

「ああ、もう何度イクかわからない……すごいです、こんなの初めて！」

何度も何度も小刻みに体を揺らして達してしまう静香さんを見ているうちに、私にも、とうとう限界が来てしまいました。

そして最後は、いやらしく痙攣している巨尻にたっぷりと放出してしまいました。

思ったよりも大量の精液が勢いよく飛び出して大きなお尻を汚すのを見ながら、なんだか自分が若返ったような気がしました。

静香さんは指でその液をすくいとり、匂いを嗅いで、舌先で味わいました。

「なつかしい味です、これが男の人の精子なんですね……」

この人は本当にエロいんだと思いました。

そのあとはお互いにグッタリしてしまい、仕事にならなかったのを覚えています。

さすがに年齢には勝てません。

でもそれからというもの、静香さんはますます挑発的な服を着るようになって私の目を楽しませてくれます。そしてときどき、仕事中にセックスするようになりました。図書館の地下は、私たちの秘め事の場所になったのです。

まったくもって思いがけないことですが、多分もう二度とセックスすることはないと思っていたのに、この年になってセフレができたのです。

まだまだ人生は、捨てたものではありません。

いまは、前にも増して仕事が楽しく、張りのある毎日を送っています。

定時制高校の四十路妻から誘惑されて溜まりまくった牡汁を禁断の中出し!

石川聡　非常勤講師・六十七歳

私は公立高校の教師を二年前に定年退職しました。

じゅうぶんな蓄えはあったのですが、教師という職業を辞めたくはなかったので、夜間の定時制高校の非常勤講師となったのです。

ここは全日制の高校とは違い、若者だけでなくさまざまな生徒がいます。家庭の事情で全日制の高校に通えなかった青年、いじめで不登校になってしまった少女、昼間は働きながら通っている社会人など、年齢も職業もバラバラです。

そういった生徒を一つのクラスにまとめ、勉強を教えるのは想像以上に苦労しました。中には中学程度の学力も備えておらず、やる気をなくした生徒の相手もしなければならないのです。

だからこそ教師としてやりがいもあり、思いがけない生徒とも出会うことができました。

その一人が、四十三歳の専業主婦の三津子《みつこ》さんです。

もともと彼女は十代のころに高校を中退していました。それから水商売の世界に入り、二十代で客の男性と結婚。主婦になったあとは子育てに専念し、その子どもも昨年独り立ちをしたということです。

彼女がその年齢で定時制高校に入ろうと思ったのは、子育てが終わって生活が落ち着いたのと、もう一度勉強をやり直したかったからだそうです。

私は彼女の身の上話を聞いて、非常に関心を持ちました。若いころにさまざまな苦労をし、高校を中退したのも不本意な形だったようです。それでも勉強を諦めきれずに高校に入り直すとは、並大抵の決意ではありません。

しかしいくら定時制高校でも、彼女と若い生徒の間にはかなりの年齢のギャップがあります。最初はなかなか周りと馴染めずにいたようでした。

それ以上に苦労していたのは、やはり学力です。テストではほぼすべての科目が最低点というありさまでした。

しかし彼女自身は、とてもまじめに勉強に取り組んでいました。授業は真剣に聞き入り、私のところへ質問に来る回数もだれよりも多かったのです。

そんな熱心な生徒だけに、私もどうにかして力になりたいと思い、空いている時間に勉強を見てやるようになりました。

場所は学校に許可をもらい、相談室を使わせてもらっています。時間が許す限り、私の担当外の科目も見てやりました。

そのかいあってか、彼女の学力はみるみる上昇し、なんとか平均点を取れるようになりました。

「先生、ありがとうございます！　まさかこんなにいい点が取れるなんて……」

もちろん結果が出たのは彼女の努力があったからです。しかし彼女は真っ先に私に感謝してくれて、私もそれを誇りに思っていました。

しかし困ったことが一つだけありました。それは彼女が四十代になっても美しく色気があり、それを間近で見せつけられることです。

結婚前は水商売をしていたというだけあって、服装や化粧は派手なままでした。しかも彼女は非常に豊かな胸をしており、服装によってはかなり目立ちます。とりわけ夏場は薄着で学校に来ることが多く、勉強を教えている最中に胸の谷間が見えてしまうのです。

そういうときは男の性《さが》で、近づいてノートを見るふりをしては、こっそり胸をのぞき込んでいました。

教室ではなく相談室だと一対一で、ほかに生徒の目もありません。ついよこしまな気持ちが起きてしまい、どうにかしてそれを抑え込んでいました。

もともと私は奥手なタイプで、女性と関係を持ったのは妻だけです。もちろん生徒に手を出した経験などありません。だからこそどれだけムラムラしても、最後の一線は越えずにいました。

そんな彼女とのつきあいも、そろそろ一年が過ぎようとしていました。

ある日のことでした。私はいつものように、通常の授業を終えると彼女のために時間をとり、勉強を見てやる予定でした。

ところがその日に限って、彼女の様子が違うのです。ふだんよりも化粧が濃く、服装も胸元がやけに強調されていました。しかも珍しく、短めのスカートを穿いてきています。

相談室で二人きりになると、彼女はイスに座って私を待っているのではなく、立ち上がって近づいてきました。

「いつも私のためにありがとうございます。こうして先生に教えていただかなかったら、また学校を辞めていたかもしれません……」

私は少しとまどいました。もう彼女への個人授業はあたりまえになっていて、いまさら改まってお礼を言われるようなことでもないからです。

しばらく沈黙のあと、彼女は思いきったようにこう切り出してきました。

「あの……ぜひ今日はお礼がしたくて。私の気持ちを受け取ってください」

そう言うと、なんと私の目の前で服を脱ぎはじめたのです。

「ちょっと、やめなさい！　こんなところで……」

私はあわてて彼女を止めました。しかし彼女はかまわずに上着を脱ぎ、ブラジャーに包まれた胸をさらけ出しました。

そのブラジャーもすぐにはずしてしまうと、豊かな胸がプルンと弾みながら飛び出してきました。

私は唖然《あぜん》としたまま、彼女の裸体に見とれていました。

むっちりと肉づいた体は、まるで西洋絵画のようです。大きな胸はサイズも形も見事で、褐色の乳首が突き立っていました。

「先生……」

その言葉で私はハッと我に返り、迫ってくる彼女を両手で制しました。

「わかった、君の気持ちはよくわかったから。だからそんなまねはやめなさい！」

私がそう言うと、逆に彼女は私の手を取り、自分の胸へと導いたのです。手のひらに、ぐにゃりとやわらかな感触が伝わってきました。しかもあまりの大きさに、手のひらには収まりきれずにはみ出してしまうのです。

これほどボリュームのある胸をさわったのはもちろん初めてです。私は手を離すことができず、しばらく身動きもせず立ち尽くしていました。

「好きなように、さわってもいいんですよ。いつも先生が私の胸を見ていたのを知ってましたから……」

どうやら私の視線を、彼女も気づいていたようでした。それでも知らないふりをしてくれたのは、もしかして私から手を出してくるのを待っていたのかもしれません。

長い教員生活で、女性の誘惑に負けそうになったことは、一度としてありません。

しかし彼女の魅力的な体を前にして、私の意思もぐらつきはじめました。

ほんの少し胸をさわるだけならば……と、手に押し当てられた膨らみをもみしだきました。

ここで彼女の感謝の気持ちを受け取ってあげなければ、彼女のプライドも傷ついてしまうかもしれない。そんな都合のいい考えをして、自分を正当化しました。

それにしても、彼女の胸のさわり心地はたまりませんでした。少しだけさわってみるつもりが、つい手を離せなくなってしまったのです。

「先生、吸ってみてもいいんですよ」

私の心を見透かしたように、彼女がそう言いました。

私は居ても立ってもいられずに、すぐさま乳首にむしゃぶりつきました。

「ああっ……」

彼女もそこが敏感なのか、小さく声を出して喘ぎはじめました。

温かくていい匂いのする胸に顔を埋《うず》め、夢中になって乳首を吸い立てます。舌で膨らみをこねくり回していると、硬くなってくるのがわかりました。

こうなっては自制心など消し飛んでしまい、乳首どころか胸の膨らみごと唾液でベトベトになるまで舐めつづけました。

ようやく我に返ったのは、自分が彼女の体を抱き締めて、ハァハァと息を荒くしていることに気づいたからです。

「いや、すまない。つい夢中になって……」

あわてて私は彼女の体を離しました。みっともない姿を見られていたのかと思うと、恥ずかしさで消えてしまいたい気持ちでした。

「いいんですよ。私の体で悦んでもらえたら、私もうれしいですから」

私とは対照的に、彼女は落ち着いて優しい笑みを浮かべています。

さらに彼女は私の見ている前で、スカートまで脱いでしまいました。

下に穿いていたのは、鮮やかな赤い下着です。よく見れば前が薄いレースになっていて、陰毛が透けて見えていました。

まさかこの日のために、わざわざセクシーな下着を用意していたのでしょうか。だとすれば、彼女も本気で私を誘惑するつもりだったのでしょう。

「先生、これを脱がせてください……」

そうお願いをされた私は、すぐさま彼女の足元に跪《ひざまず》きました。

ゴクリと生唾を飲み込んで下着に手をかけます。こんなに興奮をするのは久しぶりでした。

下着をおろして目の前に現れたのは、濃く広がった陰毛です。たっぷりと股間に生い茂ったその下には、色濃く広がったビラビラがはみ出していました。

こちらは四十代の人妻だけあって、かなり熟れた色合いと形です。加えて私の鼻には、淫らな甘ずっぱい匂いも漂ってきました。

私はその匂いに頭がクラクラし、股間に鼻を埋めて嗅ぎ入っていました。

「んんっ、あっ……」

彼女はそうやって息を吸い込まれるだけで、感じてしまったようです。

たまらずに私は舌を出して、ビラビラの内側を舐めてしまいました。

「あっ、先生っ……ああんっ」

彼女は喘ぎ声を出しながら、私の顔に腰を押しつけてきました。

無意識にでもそんなことをするなんて、よほど感じている証拠です。ますます私は興奮して舌を動かしつづけました。

夢中になって舐めているうちに、股間の奥がじんわりと濡れてきました。

立っている彼女の足がかすかにふるえています。私の耳に聞こえる彼女の声も、次第に切なげに変化してきました。

「もう、私……」

そう訴えてきた彼女は、小さな声で「立っていられなくなりそうです」と続けました。

それを聞いて、私はあわてて股間から顔を離しました。見上げると、彼女は赤らんだ顔で私を見ながら、ホッとしたような表情をしています。

「すみません。あんまり気持ちよくて……先生って、舐めるのがとってもおじょうずなんですね」

褒められて私は照れくさくなりました。妻にさえそんなことは一度も言われたことがないからです。

このとき私は、彼女の股間を舐めながら、久々にペニスが硬くなってくるのを感じていました。

ただ、さすがに若いころのようにはいきません。いまでは年に数回、思い出したように勃起するだけです。

「あの……私にも先生のものを、舐めさせてもらえませんか？」

私は彼女の言葉に、ドキリとさせられました。

彼女にしてみれば、私がしたことへのお返しのつもりなのでしょう。すでに私の足元へ屈み込み、ズボンをおろそうとしています。

脱がされるのを待っている間は、なんとも言えない緊張と興奮で、少年時代のように胸が高鳴っていました。

いよいよ下着に手がかかり、ペニスが外へ飛び出しました。

「あらっ」

それを見た彼女の声は、明らかに驚きが入っていました。

完全にとはいきませんが、ペニスは水平ほどの高さに持ち上がっていました。私のような年齢で、ここまで勃起するとは思っていなかったようです。

ただ私としては、もっと元気な姿を見せたかったところです。若いころのように力強く上向きであれば、さらに驚いてもらえたでしょう。

彼女はペニスをつかむと、ゆっくりとしごきはじめました。

「どうですか？」

私は「うん、なかなかだよ」とは言ったものの、正直なところあまり快感を感じてはいませんでした。

ところが彼女が口に含むと、腰に刺激が走ったのです。

「おっ！」

温かく濡れた感触に包まれ、私は思わずそう口走りました。

彼女はペニスを口の中いっぱいに頬張っています。それほど勃起していないせいか、ほぼすべてを呑み込んで優しく唇を締めつけてきました。

まるで体の一部が吸い込まれてゆくような感覚です。そればかりではなく、亀頭のあたりに舌が絡みついてきました。

これまで妻にもしてもらったことがないフェラチオが、こんなにも気持ちのよいものだったとは。

私は快感に浸りながら、しみじみと思っていました。

「ンンッ、ンン……」

彼女は唇を動かしながら、甘く鼻にかかった声を出しています。

それらの仕草は、見ているだけでたまりませんでした。少し照れている表情も含めてとても色っぽいのです。

しばらく口の中でもてあそばれているうちに、ペニスはさらにムクムクと膨らみはじめました。

とうとう私は彼女のおかげで、久しぶりに力強く勃起できました。硬さも大きさも段違いになり、自分でも驚いてしまうほどです。

「こんなに元気になっちゃいましたね……」

ペニスを口から吐き出した彼女は、うれしそうに言います。

ここまで来れば、あとは彼女の望みをかなえてやるだけです。私へのお礼を体でしたいというのなら、抱いてやるのが男としての礼儀です。

とはいうものの、完全にためらいがなくなったわけではありません。やはり私たちは教師と生徒であり、さらに彼女は人妻です。

手を出してしまえば、これまでの教師生活で築き上げてきたものが崩れてしまうかもしれない。

そう思っても、やはり目の前にある魅力的な肉体には抵抗できませんでした。

「先生、早く来てください」

彼女はいつも座っているイスに手をついて、私を誘ってきました。

むっちりとした大きなお尻をこちらへ向け、見せつけるように突き出しています。

性器から肛門まで、すべてをさらけ出したポーズでした。

私は魅入られるようにフラフラと彼女へ近づきました。

ただ私はこの年齢まで、普通の形でのセックスしかしたことがありません。立ったまま背後からつながった経験などないのです。

それでも私は彼女に求められるまま、ペニスをお尻の谷間に近づけると、一気に股間の奥へ突き刺しました。

「あぁっ……!」

その瞬間の彼女の喘ぎ声は、相談室の外へ洩れてしまいそうなほど大きなものでした。

私も吸い込まれた膣内の感触に、体がふるえそうになりました。

これほどの締まりと熱さは初めての経験です。まるでペニスに吸いついてくるようなうねりが奥まで続いていました。

私は彼女とつながると、そのまま背中にしがみつき、しばらく呼吸を整えました。

「先生、だいじょうぶですか？」

彼女が心配したのは、私の呼吸が荒かったからでしょう。それほど私は興奮し、まるで初めて女性を抱いたときのようでした。

どうにか冷静さを取り戻し、腰をゆっくりと前後させます。

「ああっ、あんっ……気持ちいいっ！」

ペニスを突き入れるたびに彼女は色っぽく喘ぎ、お尻を小さくくねらせていました。

彼女にしてみれば私は父親のような年齢です。こんな年寄りに抱かれてそれだけの反応を見せてくれるのが、なんともうれしく誇らしい気分でした。

しかし久しぶりのセックスで、自分の体力がかなり落ちていることも思い知らされました。激しく腰を打ちつけようとしても、体がついていかないのです。

せっかく目の前にすばらしい肉体があるのに、思いどおりにならない自分の体にもどかしい思いでした。

そのことに彼女も気づいたのか、とうとう「先生、無理しないでください」と気づかわれてしまいました。

「すまない、この年ではあまり激しい動きはできないんだ……」

「いいんです、あとは私に任せてください」

そう言うと、それまで立っていた彼女が私を床に寝かせ、腰の上に跨《また》がってきました。

「背中が硬いかもしれないですけど我慢してくださいね。そのぶん、私ががんばって気持ちよくしてあげますから……」

彼女は笑顔で私に声をかけ、腰を落としてきました。

おおい被さってきた股間の奥に、ペニスがずぶりと呑み込まれました。

今度は私が動かずに、彼女からお尻をゆさゆさと揺すりはじめます。私よりも若く体力もある彼女は、上になっても疲れた顔は見せませんでした。

しかも私は身をまかせているだけで、快感が休みなく押し寄せてくるのです。最初からこうしてもらえばよかったと、私は天国にいるような気分で思いました。

「ああ……いい気持ちだよ」

ちょうど見上げた先には、豊かな胸が揺れています。何もしないでいるのも申し訳ないので、両手を伸ばしてたっぷりもんでやりました。

「どうですか？　もっと激しく動いてあげてもいいですよ」

すっかり悦に入っていた私ですが、彼女はまだ本気を出してはいなかったようです。

それならばと、私は彼女に好きに動いてもらいました。

するると次第に腰の上下運動が速まってきました。お尻をグイグイと押しつけながら、ペニスを締めつける力も強まってきます。

「あっ、ああっ……すごいっ、先生……いいっ！」

あまりの激しさに、私は思わず「ちょっと待ってくれ」と言いましたが、彼女の耳には入っていないようでした。

もう私は余裕を持って楽しむどころではなくなり、彼女のペースに引っ張られて快感に耐えるばかりでした。

それも限界を迎え、いよいよ射精が近づいてくると、私はそのことを彼女に告げました。

「いいですよ……そのまま、私の中に出してください！」

彼女はペニスを抜くつもりはないようです。引きつづき腰を動かしながら、私に射精を促してきました。

「ううっ！」

とうとう私は快感に呑み込まれ、彼女の体内で果ててしまいました。

私は彼女の下で横たわったまま、久しぶりの射精に心地よい疲労を味わいました。目的を果たせた彼女も、すっかり満足してくれたようです。

ところがそれからというもの、少し困ったことになってしまいました。

一度体の関係を結んでしまうと、彼女は頻繁にセックスを求めてくるようになったのです。

それどころか授業中でも、私だけにわかるように胸元を見せつけてきたりと、それまでのまじめな彼女とは別人のようになってしまいました。

私は彼女の肉体にすっかり溺れてしまい、もはや逆らうことはできません。もう私たちは、元の関係に戻ることはなさそうです。

第二章

忘れかけていた牝肉の芳醇な味わい

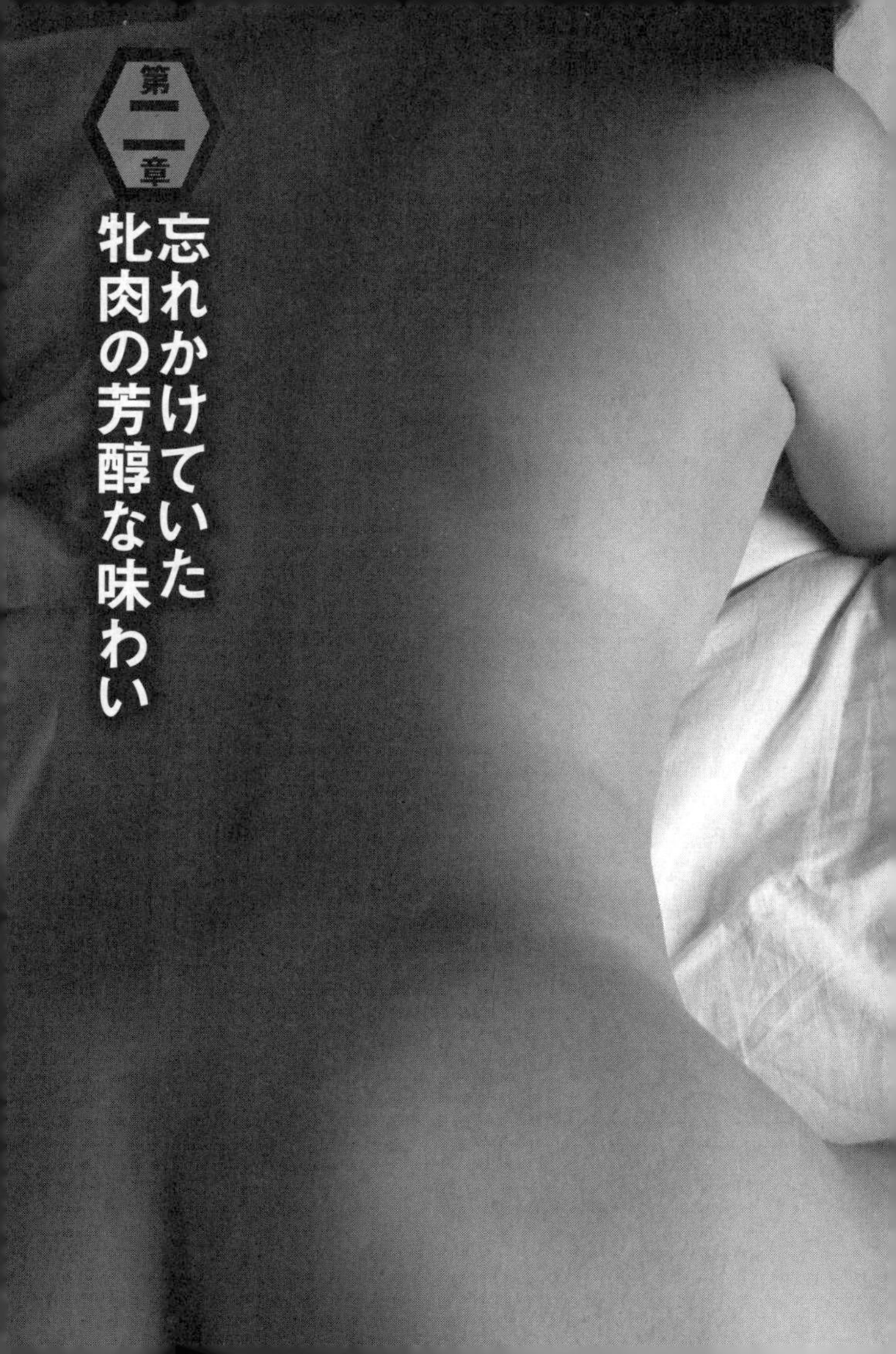

工場の美人女社長に気に入られて……力を取り戻した極硬ペニスを生挿入！

真鍋洋一　パン工場勤務・五十七歳

私は五十代も後半になって、妻の病没や勤めていた測量会社の倒産と、気の滅入る出来事が続き、人生が慌ただしくなっていました。

生きていくために働かなくてはなりません。それこそ三十五年ぶりに履歴書を書き、ネクタイを締めてほうぼうの会社を巡りました。

やっと採用してくれたのは、ヤケで受けた深夜のパン工場だけでした。

下町の工場街にある従業員十一人のパン工場で、親族で経営している小さな所帯です。面接をしてくれた社長も三十代の女性でした。

測量技師だった私には畑違いなのですが、目の前のモノと向き合うという点で相性は悪くなかったようで、すぐに第二の天職と思えるようになっていました。

社長は気の強い女性ですが、面接のときから、妙に私に優しいと感じていました。

出勤時間をずらす勤務体制なので、休憩時間もまちまちです。社長の気まぐれで、ときどきだれかが社長室でおやつの御相伴にあずかることができる社風なのですが、私が呼ばれる回数がいやに多いのです。

最初は、新人のジジイに対する好奇心かと思っていました。

「奥さんを亡くされたとき、だれか助けてくれなかったんですか？」

あるとき、紅茶のお呼ばれにあずかったとき、社長に訊かれました。

「独立してるせがれや娘が同居を申し出てくれたんですが、断りました。お互い気をつかうし、私もまだ年よりだと認めたくなかったんですね」

社長は工場衣ではなく、いつもスーツ姿でした。三十四歳という年齢を工場の同僚から訊いていましたが、線の細いつくりと相まって、丈の短いスカートがよく似合っていました。ただ、還暦近くても私も男なので、深いソファに腰かけた社長の膝の間が気になったものでした。

「真鍋《まなべ》さんならまだまだイケますわ。元イケメンって感じだもの。人生百年時代、まだ折り返し点を少し過ぎたところなのよ」

「いやいや、ジジイをからかわないでください」

社長は口に手を当て、上品に笑いました。少し背を伸ばす格好になったので脚が浮き、ごく短い間ですが社長の両膝の間から、白い逆三角の下着がチラリと見えてしまいました。

社長も先年に亭主を失くしていたというのを、工場の古株社員から訊いたとき、社長が私に私生活の話題を振ってくる理由が少しわかった気がしました。

私以外の従業員の全員が、離婚歴のある者か結婚経験自体ない者ばかりだったのです。どの従業員とも社長は偏見なく接していましたが、家庭的な話題に飢えていたのかもしれません。

ある晩、機械の動作不良でラインが止まるという事態が起きました。

翌朝の配送が迫っているので、座して見ているわけにはいきません。これまでのトラブルとは故障の部位が異なるようで、だれにも原因はわかりませんでした。

社長も顔を引きつらせていました。私は懸命に大型の機械にもぐり込み、懐中電灯を照らして原因を突き止めました。

約四十分の遅れでラインは動きだし、なんとか早朝の配送に間に合いました。

「真鍋さんのおかげで助かりましたわ！」

朝の七時、社長室でそう言いながら頭を下げてくれました。

「真鍋さん、あちこちもぐり込んで汚れてますわ。奥でシャワーを浴びてください」

社長室の奥は、社長の半プライベートな空間になっており、私たち従業員が入ることはほとんどありません。心地よい達成感にひたっていた私は大いにあわてました。

「いえ、そんなこと、おそれ多くて……」

まったく意外なことに、社長は少女のように顔を赤らめ、近づいてきました。

「亡くなった主人は、私より十四歳年上でした。真鍋さん、なんとなく主人に似てるの。ずっと前に亡くなった父にも似てるのよ……」

私はあっけにとられました。フケ専でファザコンであることを告白したようなものです。還暦前のニブイ中年男にもわかる簡単な三段論法でした。愛していた亭主や父親に私が似ているというのですから。

それとなく逃げるように社長から離れましたが、私の足はそのまま奥のシャワー室に向かわされていました。

脱衣場で服を脱ぐ私の非現実感が、おわかりいただけますでしょうか。

浴室もお金がかかった仕様であり、テレビもついていました。とまどいは小さくありませんでしたが、熱いシャワーを浴びるとぜいたくな気持ちにひたれました。

「湯加減はいかがです？」

すりガラス越しに脱衣場から社長の声が聞こえました。雇用主なのに、まるで旅館の女中さんのような声音に聞こえました。

「最高に気持ちいいですよ！　バチが当たりそうだ」

「バチが当たるほうが、女性のお誘いを断って後悔するよりいいでしょう？」

ずいぶん挑発的な言い方をするものだと思いながら脱衣場を見ると、すりガラスに社長が服を脱いでいる様子がぼんやりと映っていました。

あわてるよりも驚きのほうが大きく、声を出すこともできませんでした。

ゆっくりとサッシが開き、社長の白い裸体が現れても、私は目を逸《そ》らすことができませんでした。そのとき思ったのは、先立たれた妻とは肌の張りが全然違うなということでした。

「そんなにじっと見つめられると、恥ずかしいわ……」

上気した顔の社長に言われ、私はおろおろと背中を向けました。

「座ってください。背中を流しますわ」

丸めた背中を社長にこすってもらいながら、非日常感は頂点に達しました。自分はじつは今朝のライン修理のときに死んでいて、ここは天国なのではないかとさえ思いました。

「社長、どうして……さっき修理したご褒美ですか？」

ていねいに背中をこすってくれている社長に、私は野暮な質問をしました。

「そうです……というのは口実。機会を狙っていたと言ったら驚きます？」

「驚きます」

「修理のたびに従業員にこんなことしてるわけじゃないのよ。私もこんなことは初めて。だからドキドキしてるの。信じてくれる？」

「信じます」

「さあ、背中は終わったわ。こっちを向いてください。立ったほうがいいわね」

「社長、私も男なんですよ？」

慎重に念を押しました。恥ずかしながら、妻を失って二年ぶりに激しく勃起していたのです。

ゆっくりと立ち上がり、振り向きました。少し私を見上げる格好の社長は、特に私の下半身に目を向けることもなく、私の胸を石鹸で満たしたタオルでこすってくれました。不意に私は､娘が幼いころ､いっしょに風呂に入っていたことを思い出しました。

「社長、肌がすごく白くてきれいですね」

「まあ、恥ずかしいわ。見ないでください」

窓から入る朝日で、社長の白い肌はキラキラと輝いていました。乳房も大きく、まるで内側から圧をかけたように頼もしくふくらんでいました。張りを失い、重力に負けたように垂れはじめていた妻の乳房と、どうしても比べてしまいました。

「真鍋さんも逞しいわ。ヘンな話だけど、主人よりも筋肉質なの」

「測量技師なんて、ほぼ肉体労働ですから」

ふと社長の動きが止まり、タオルを持っていた手が下がりました。

私はそっと両手で社長を抱き寄せました。ゴムのような弾力にまず驚きました。

上下関係も忘れ、私は社長の頭をヨシヨシとなでました。

「社長とキスできたら、バチが当たって今晩死んでもいい」

「死なせたりしないわ」

そう言いながら、社長はゆっくりと顔を上げました。吸い寄せられるように私たちは顔を寄せ、キスしました。

ふれ合っている胸に手をすべり込ませ、社長の乳房にふれました。

「むん……あんっ」

重ねた唇から、社長の嬌声が洩れ出ました。豊かな乳房は、押さえると難なくへこむのに、手を離す前に弾力で元に戻ろうとするのです。乳首は小さく、こちらもコリコリと指先に心地よい弾力がありました。

「ああ……あああ、真鍋さん……あああ……」

わずかにふれているだけなのに、予想以上の乱れようでした。逆手にした手のひらで腹をなで、そのまま下半身にすべらせました。

「ひあ……あんっ、ダメッ……！」

私の手から逃れるように社長は体をくの字に折り、膝を重ねてZ脚になっていました。社長自身は石鹸にまみれていないのに、股間にはぬめりがありました。

社長は目がトロンと充血していて、顔の赤みも増していました。社長の亭主が先年に亡くなったことを思い出し、水を向けてみました。

「二年前に妻を亡くして以来なので、年がいもなくコーフンしてしまいますよ」

「私も去年亭主を亡くしてるから……十四カ月ぶり」

やはりそうかと思いました。

社長は流しっぱなしだったシャワーのノズルを手に取り、私の股間の石鹸を流しました。そうしてフックに戻すと、私の股間の前でしゃがみ込みました。

「真鍋さんのコレ、こんななんですね」

私のペニスをつまみ、珍しいおもちゃを手にした子どものような顔をしました。

「亡くなったご主人のとは違いますか？」

きわめてかすかな皮肉を込めて私は訊きました。

「顔が違うのと同じよ。オチ○チンも全然違うわ」

私の顔に浮かんだ疑問に気づいたのか、社長はあわててつけ加えました。

「学生時代に一人と主人、それから真鍋さんの三本しか知らないけど……」

ペニスを一本二本と数えるのかと、ちょっとおかしくなりました。

含み笑いを隠そうともせず、社長は私のペニスを持ち上げ、つまみ、引っぱって裏返し、ニヤニヤと楽しんでいました。

「はうっ！　あああ……ああ、社長っ、ああ」

社長は大きく舌を出し、ペニスの横棒をベロベロと舐めてくれました。ちょっと予想はしていたのですが、不意にペニスを襲う久しぶりの快感に、思わず声が出てへっぴり腰になってしまいました。

「真鍋さん、いかがですか？」

険しい顔をした美人、そんなイメージだった社長が、私を見上げて媚《こ》びるような眼差しで言うのです。

「気持ちいいです、社長……」

まるで、少年が年上のお姉さんに筆おろしをされているような気分でした。社長は、喉声で含み笑いを洩らすと、勃起したペニスを正面から呑み込んでくれました。

「ああ、いい……すごくおいしいわ、真鍋さんの、オチ○チン」

大きくて切ないため息を洩らし、ペニスの周りが熱く湿りました。

「すてき、いつまでもこうしていたいわ」

今朝の修理のお礼の意味もあったでしょうが、社長はペニスをむさぼること自体が好きなのだと思いました。

「そんなモノでよろしければ、いつでもお貸しいたしますよ」

ちょっと冗談っぽく言いましたが、私の声は、下半身から立ち昇る快感で低くしわがれていました。

「契約締結よ。ウチにいる間、真鍋さんのオチ○チンの占有権は、私にあるの」

社長がペニスから口を離すとき、にゅぷんと音がしました。私から洩れ出た先走りの液で、社長の赤い唇とペニスの間に、一瞬だけ糸が引くのが見えました。

立ち上がった社長を抱き締めようとしましたが、社長はそれを制しました。

「待って、ここじゃあれだから……奥の部屋へ行きましょう」

社長に続いて脱衣場に出ました。お尻もプリンと張っていて、破裂寸前までふくらませた風船を連想したのを覚えています。

奥の部屋まで行ったという話は、だれからも聞いたことがありませんでした。そこは六畳ほどの部屋で、小さなデスクと大きなベッドがありました。

浴室から奥の部屋に向かうとき、階下の工場から機械の動作音と働いている従業員の声が聞こえてきました。私は言いようのない罪悪感と優越感を覚えたものでした。

「私の仮眠室なの。デスクワークをすることもあるけど」

そのとおりなのでしょうが、ベッド優先のつくりは、大昔に行ったことがあるラブホテルを連想させるものでした。

社長は掛けシーツを勢いよくめくると、子どものようにベッドにあおむけに飛び乗りました。意外な行儀の悪さだと思ったのですが、あとから考えると恥ずかしさの裏返しだったのかもしれません。

そして私を見つめ、両手を挙げてきました。

吸い寄せられるように私もベッドに乗り、体を重ねました。

「ああ、この感覚……男の人の重み。なつかしいわ……」

社長は目を閉じて口だけで笑っていました。私も、二年ぶりに全身で感じる女性の体温にひどく興奮していました。

目が合うとぶつけるように唇を重ねました。舌を絡ませながら激しいキスをして、両方の乳房をもみくちゃにしました。三十代の乳房の柔らかさとしなやかさを、ここでも痛感しました。思っていたことが態度に出たのでしょう、社長はイタズラっぽく笑ってこんなことを言いました。

「私、真鍋さんの子どもさんぐらいの歳でしょう?」

「せがれと娘の間の歳です。社長こそいいんですか? こんなジジイで」

「同級生とか歳下とか、ぜーんぜん興味ないの」

それこそ女子高校生のような口調で社長は言いました。

体をずらしていき、両脚を開かせて、若い恥毛に包まれた陰部に顔を寄せました。

「恥ずかしい……」

社長の秘部は熱い湿り気を帯び、夏草のような匂いを放っていました。唇でふれてみると、体温よりも熱く感じる性器がとてもやわらかく、かすかなねばり気を持った汁が顔じゅうに垂れてきました。

「真鍋さん……」

両手で顔を持たれました。もう一度体を重ねろというサインでした。

「社長、少し脚を広げてください」

ごく近い距離で目が合うと、私は言いました。社長は黙って言うとおりにしてくれました。私は目を合わせたまま、ペニスの根元を持ち、先を社長の性器に当てて力を込めていきました。

「ああ、あああ……これよ、この感触……ああ、気持ちいい」

社長は顎を出し、目を閉じてうっとりした口調で言いました。

子どものいない社長のアソコは、妻よりも狭く感じました。しかし十分にうるおっているので、スムーズに挿入することができました。

「社長、全部、入りました」

「いまから一時間だけ、私を下の名前で呼び捨てにすることを許可します」

「翔子《しょうこ》……僕たち、繋がってるよ」

「洋一《よういち》さん、やっとこんなことができたわね……」

性器を結合させたまま、社長は私の首に両手を回してきました。

「私とこんなことになることを、考えてたんですか？　いつから？」

「面接のときかな。かっこいいオジサンだなあって思って」

もう言葉もありませんでした。険しい顔で面接してくれたとき、社長は私にそんなことを思っていたのです。

ペニスを前後に動かしていくと、社長は笑みを消しました。

いました。

「ああ、すてき……！　すごいわ、洋一さん」

大きくて弾力のある乳房が、体の動きからワンテンポ遅れてダイナミックに揺れていました。

「翔子、後ろから突いてみたい」

動きをゆるめて言うと、社長の顔に少し不安が浮かぶのが見えました。

「大丈夫ですよ。こんなことになったからって、ふだんは馴れなれしくしません」

「洋一さんの、そういうケジメのありそうなところが気に入ってるの」

そう言いながら社長はもぞもぞと体を動かし、うつ伏せになってからお尻を高く上げてくれました。

「社長ほどの美人になると、お尻の穴もきれいなんですね」

「ああん、やめて。それはホントに恥ずかしい……」

お尻の穴をキュッとすぼめる仕草も、かわいらしいものでした。

「大丈夫です。力を抜いてください」

社長が肛門の力を抜いたところで、私はすかさず舌を大きく出し、ベロリと舐め上げました。

「ああんっ！　なにするの……こんなことされたの、初めて……！」

「私もです。五十七年の人生で、女性のお尻の穴を舐めたのは初めてですよ」

言いようのない間がありました。その瞬間に二人だけの絆ができたような気がしました。

面接に臨んでいた二カ月前の自分に教えてやりたい気分でした。わずか二カ月後に、目の前の凛とした美人社長の肛門を舐めているんだぞと。

「翔子、また、入れるよ……心配しなくても、お尻に入れたりしない」

「それは、また今度ね」

私は膝立ちのまま、社長の性器にペニスを挿入していきました。雇用主の性器にペニスが呑み込まれていくさまを、私は目を細めて見つめていました。

妻よりも小さめの腰を両手でがっちりとつかみ、私はペニスの出し入れを開始しました。久しぶりの感触に、恥ずかしながらすぐに射精が起きそうでした。

「翔子、ごめん……すぐに出そうだっ！」

歯の根を食いしばり、私は腹筋に力を込めて言いました。

「いいわっ！　洋一さん、たくさん、出してっ！」

シーツに顔を押しつけ、髪を振り乱しながら社長も叫んでいました。

「うああっ、出るっ……！」

渾身の力を振り絞り、三十四歳の社長の性器の奥に射精しました。

「ああっ、来てるっ！　すごいわっ、体が沸騰しそうよっ！」

射精を終えても、離すまいとするように、社長の性器はキツくペニスを締めつけていました。なんとかペニスを抜くと、ドサリと社長の隣に体を横たえました。

そのとたんに、社長から激しいキスの応酬を受けました。

「おや、どうしたんです？　社長も真鍋さんも顔が赤いよ」

帰宅する途中、工場長に言われました。

「今朝の修理のお礼に、特別なお酒をちょっとご馳走したの」

「お、いいなあ。俺も御相伴にあずかりたいよ」

それから一カ月ほど経ちましたが、週二回ほどのペースで社長と秘め事をしていました。社長はお尻のほうにも興味があるようで、「目下練習中」とのことでした。

私もお尻での経験はないので、「バージンと童貞だね」と二人で笑っています。

勃起薬で男の自信が湧いてきた私は四十路熟女のGカップ爆乳を喰らう!

中原宏志　会社員・五十八歳

私は仕事帰りに居酒屋でビールを飲むのが唯一の楽しみという、平凡な会社員です。まじめ一筋の人生だったので、女性は妻しか知りません。といっても、その妻とも十年以上セックスはしていません。実はもう勃起しなくなっていたのです。

最後に妻とセックスしたときに中折れして、「私が歳をとって女としての魅力がなくなったからなのね」と泣かれてしまったことがあり、それがトラウマになっているんだと思います。

といっても、妻しか女性を知らないぐらいですから、私はモテた経験はまったくありませんし、もう子どもも二人いるので、いまさらセックスなどしなくてもいいという気分になっていました。

妻も私を誘ってくることはなく、それでも家族としては仲よく暮らしていました。

それは平凡ながらも、とても幸せな毎日でした。

だけど、そんな私の胸が、最近不意にざわめきはじめたのです。それは会社の近くの定食屋で働いている、咲子《さきこ》さんという女性の存在が原因です。

たまたま昼食をとろうと思って馴染みの定食屋に行くと、見知らぬ女性が働いていたんです。私が不思議そうに見ていると、女将《おかみ》のお婆さんが紹介してくれました。

「ああ、この子、私の姪っ子の咲子。最近、離婚しちゃったもんだから、うちで働かせてくれって言ってきてね」

姪っ子といっても、年齢は四十歳ぐらいの熟女です。だけど、還暦前の私から見たら、ピチピチの女の子です。

それに咲子さんは色白で、肌がきれいで、むっちりとした体つきで、しかも唇が厚めで、全身から色気がただよい出ているんです。なんてエロそうな女性なんだろう。それが、咲子さんに対する私の第一印象でした。

「やめてよ、伯母さん。私の個人情報をベラベラしゃべらないで」

そう言って女将をたしなめながらも、咲子さんは満面の笑顔で「当分はここで働かせてもらうつもりですので、よろしくお願いしますね。で、お客さん、注文は何にしますか?」と私にたずねるのでした。

私は年がいもなく咲子さんに一目惚《ぼ》れしてしまったようです。それ以来、頭の中から咲子さんの存在が離れないんです。

それまでその店には二週間に一度のペースで通っていたのですが、咲子さんに会ってからは、二日に一度は通うようになりました。

女将は私の気持ちに気づいているのか、「また来たの？　毎度どうも」とニヤニヤしているのですが、それでも私は咲子さんに会いたくて、その店に通ってしまうのでした。

そのかいあって咲子さんと親しく口をきける関係になり、たまたま仕事帰りにばったりと会って、いっしょに飲みにいく機会まであったんです。

そのときに聞いた話によると、咲子さんの旦那さんはいわゆるモラハラ旦那だったらしく、掃除、洗濯、料理に至るまで、なにかにつけてダメ出しをする人だったらしいんです。

そんな生活に長年耐えてきたものの、旦那さんが定年退職してずっと家にいるようになり、一日中モラハラを受けつづけて、とうとう我慢できなくなって離婚したんだそうです。

「子どももいなかったから、思いきって別れちゃったの。だけど、久しぶりに一人暮らしをすると、なんだかさびしくって……」

酔っ払った咲子さんは、そう言って潤《うる》んだ瞳を私に向けてくるんです。妻しか女は知りませんでしたが、それでも私を誘っているのははっきりとわかりました。

できれば咲子さんを彼女のアパートまで送っていき、そのまま抱き締めて……ときたいところでしたが、私の愚息はもう何年も硬くなったことがないのです。

もしもいざというときに勃起しなくて咲子さんを傷つけてしまったらいけないと思うと、私は最後の一歩を踏み出すことはできませんでした。

そして結局、その日は居酒屋を出たところで別れたんです。そのとき、咲子さんはすごく不満そうな表情をしていたのでした。

そんなことがあったと、古い友人である内藤《ないとう》という男と飲んだときになにげなく話すと、彼はおもむろにカバンの中から小さな箱を取り出して私の前に置きました。

「おまえにやるよ」

「なんだよ、これ?」

「勃起薬だよ。ネットで安く簡単に買えるんだよ。送料無料にするために多めに買ったから、いっぱいあるんだ。だから、遠慮するな」

その箱の中には大きめの錠剤が四つ入っていました。内藤はいつそういう相手が現れてもいいようにと、お守り代わりにその薬を持ち歩いていたそうなんです。

「それを使うとすごいんだ。まるで二十代に戻ったみたいにカチカチになるんだぜ」

そう言うと内藤は何かを思い出したのか、一人でにやにやしているんです。

「二十代に戻ったみたいにねえ……」

じっと錠剤を見つめていると、内藤は私の背中を押すように言いました。

「さあ、それを使って咲子さんを楽しませてやれよ」

「いやあ、俺はそんな……俺には女房と子どももいるし、もういい歳だし……」

言葉を濁しながらも、私はその薬をスーツのポケットにしまっていたのでした。

そして家に帰ってから試しにその薬を飲んでみると、すぐに体がポカポカ温かくなってきました。そして、下腹部がなんだかムズムズするのです。

これはほんとうに効果があるみたいだ。そう思ってトイレに駆け込み、スマホでエロサイトを開いてみました。すると、もう何年も硬くなることがなかったペニスが、みるみる力をみなぎらせてきたのです。

そして、高まる思いをどうすることもできずに、私は動画のAV女優の顔を脳内で咲子さんの顔に変換して、オナニーまでしてしまったのでした。

久しぶりの勃起と射精で、私は自信を取り戻しました。

私は翌日、また咲子さんが働いている定食屋に行きました。だけど、咲子さんはどこかつれない態度なんです。

店に行くのは、二人で酒を飲んだ日以来です。あのとき私が彼女の誘いをスルーしたことを怒っているようでした。

結局、その日は言葉を交わすこともできませんでした。だけど勃起薬というお守りを手に入れた私は、そんなことではめげることなく、翌日からも毎日、彼女の店に通いつづけました。

「中原《なかはら》さん、最近、毎日来るのね……」

ある日、咲子さんは根負けしたように私に話しかけてきました。

「うん。咲子さんの顔が見たくてさ。それと、こないだの続き……二次会に行かないかと思って。ねえ、行こうよ」

私がそう言ってじっと目を見つめると、咲子さんは頬を少し赤くしながら小さくうなずきました。

「うん、そうね。二次会、いいかもね」

私たちはその日の夜、二人でお酒を飲みにいきました。

でも、それはあくまでも二次会なので、もうお酒は十分という感じです。お守りを持っているといっても、お酒を飲みすぎると効果が薄れるという話もあります。

私が適度にほろ酔い加減になったころ、咲子さんがトイレに立ちました。そのすきに私はポケットの中から錠剤を取り出して、ビールで喉の奥に流し込みました。

そのとたん、体に勇気が満ち溢れるんです。戻ってきた咲子さんに、私はすかさず言いました。

「そろそろ三次会に行かないか？」

「どこか、いいお店を知ってるの？」

「うん、咲子さんの部屋。ダメかな？」

私がそう言うと、咲子さんは考え込むように視線をテーブルに落としました。

ひょっとして、この前に飲んだときに咲子さんに誘われたと思っていたのは勘違いだったのだろうかと不安になってしまいました。なにしろ私は妻以外の女性とつきあったこともないのですから。

だけど、それは取り越し苦労というやつでした。咲子さんは私の手をそっと握って立ち上がったんです。

「じゃあ、行きましょうか？」

そして私たちは、十分ほど歩いて咲子さんのアパートに着きました。

六畳の和室と小さなキッチンだけという狭い部屋でしたが、なんとも言えないいい匂いがするんです。それは女性の匂い、咲子さんの匂いです。

「ちょっと寒いわね」

部屋に入ると、咲子さんはすぐにファンヒーターをつけました。部屋が狭いので、一気に暖かくなっていくんです。

「中原さん、なにを飲む？ ビール？ それとも日本酒？」

咲子さんがそうたずねました。でも、私はもう我慢の限界だったんです。気持ちは二十代のやりたい盛《ざか》りの若者です。途中、ずっと手を握り合っていたせいと、薬が効いてきたせいで、私の股間はもうすでにギンギンに勃起していました。

「咲子さん、好きだよ！」

そう叫ぶと、私は咲子さんの両肩をつかんでキスをしました。少し肉厚のやわらかな唇がむにゅっとつぶれ、彼女が「はうっ」と息を吞む声が聞こえました。

いきなりすぎただろうかと思いながらキスを続けていると、咲子さんの腕が私の背中に回されました。

そして、しがみつくようにして、咲子さんは自分から唇を押しつけてくるんです。しかも、私の口の中に舌をねじ込んできました。

おそらく酔っ払っているせいもあるのでしょうが、その積極的な行為に、私は一瞬怯《ひる》みそうになりました。だけど、私の股間はもう痛いほどに勃起しているんです。その硬さが、私に力を与えてくれるのでした。

私は咲子さんの舌をしゃぶり、自分の舌を絡めました。すると今度は咲子さんが私の舌を吸い、私の口の中に唾液を流し込んだりすすったりするんです。

ピチャピチャ、クチュクチュと粘ついた音が部屋の中に静かに響きます。それは意識が遠くなりそうなほど、いやらしいキスでした。

居酒屋でお酒を飲みながら話した内容によると、はっきりとは言いませんでしたが、咲子さんももうずっと旦那さんとはセックスレスだったようでした。それも離婚の原因の一つだったのかもしれません。

私が咲子さんを求めてる以上に、咲子さんも私を求めてくれているようです。そのことに勇気づけられた私は、キスをしながら咲子さんの胸を服の上からそっともみました。

手のひらにやわらかな乳房が感じられました。それは適度に弾力があり、なんとも言えないさわり心地なんです。

妻とセックスレスになって十年ほど。もちろんその間、妻の胸にさわったことは一度もありません。中途半端に刺激して、その気になられても困るからです。

もちろん結婚当初にはよくさわっていましたが、妻はAカップなのです。それに対して咲子さんは、Gカップはありそうなかなりの爆乳です。だから、こんなふうにボリュームのある乳房をもむのは、この歳になって初めての経験でした。

私は夢中になって咲子さんのオッパイをもみつづけました。すると徐々に咲子さんの鼻息が荒くなってきました。

「ああ~ん、体が熱くなってきちゃった……」

体を離すと、咲子さんはぺろりと唇を舐め回し、手で自分の顔をパタパタと扇ぎました。それは服を脱がしてくれという合図です。いくら経験は少ないといっても、私はもう還暦前なので、さすがにそれぐらいはわかります。

「じゃあ、ぼくが脱がしてあげるよ」

私は立ったまま咲子さんのコートを脱がして、さらにはセーターのすそをつかんで引っぱり上げました。

「ほら、咲子さん、バンザーイ」

小さな子どもの服を脱がすときのように言うと、咲子さんは照れくさそうにしながらも両手を上げてくれました。

その状態の咲子さんの体からセーターとヒートテックの肌着をいっしょに脱がすと、上半身はブラジャーだけという姿になりました。

ピンク色のかわいらしいブラジャーからこぼれ出そうになった乳房が、深い谷間を刻んでいるんです。

「すごい……」

思わずそんな声が出てしまいました。

「いや、見ないで……」

そう言って、咲子さんはくるりと背中を向けました。

でも、いやがっているわけではありません。わざとブラジャーのホックを私のほうに向けているんです。それはブラジャーもはずしてくれという催促です。もちろん私はじらしたりはしません。

「この邪魔なブラジャーも脱がしちゃうよ」

私は緊張のあまり震える手で、ブラジャーのホックをはずしました。

「あっはああん……いやん……」

鼻に掛かった声を洩らすと、咲子さんは両腕で胸を隠すようにしながらこちらを振り返りました。

「隠さないで、見せてくれよ。咲子さんの体……見たいんだ」

「しょうがないなあ。恥ずかしいけど、中原さんがそう言うなら」

咲子さんは両腕をどけてくれました。すると釣り鐘型の大きなオッパイが、ぷるるんと揺れるんです。

そうやって見せてくれるのは、きっと自分でも自信があるのでしょう。確かに形といい大きさといい、まるで二十代のグラビアアイドルのオッパイのようです。

でも、肌の白さのせいか、乳首の褐色が目立ち、それがまた熟女の魅力ですごくいやらしいんです。

「ううっ……」

不意に私はうめき声を洩らしてしまいました。同時に、腰を引いたみっともない格好になりました。ズボンの中という狭い空間で勃起したペニスが、その窮屈さに悲鳴をあげているのです。そんな感覚は、ほんとうに久しぶりのことでした。

「どうしたの？」

不思議そうな顔をしてたずねた咲子さんでしたが、その視線が私の股間に向けられると同時に、ポッと頬が赤くなりました。

「ひょっとして、中原さん……そうね、今度は中原さんが脱ぐ番よ」

そう言うと咲子さんは私の前に膝立ちになり、腰のベルトをはずしはじめました。たとえ順番だとしても、咲子さんはまだ上半身を脱いだだけです。いきなり下半身を脱がされる私とは釣り合いません。

でも、もちろんそんなことで文句を言ったりはしません。それどころか、興味津々といった表情でズボンを脱がす咲子さんの少女のような眼差しに、私はさらに興奮してしまうのでした。

「さ……咲子さん……ううっ……」

先端がブリーフにひっかかってしまっているのですが、咲子さんは気持ちが逸《はや》るのか、無理やり引っぱりおろしました。そのとたん、ペニスがブルンッと勢いよく飛び出して、まっすぐ天井を向いてそそり立ちました。

「うわぁ、中原さんのオチ○チン、なんて元気なのかしら」

咲子さんが驚きの声をあげるのは当然です。私自身も、自分のペニスの力強さに驚いてしまったほどなんです。

その勃起のすさまじさは、もちろん勃起薬のおかげです。でも、そんなことは口に出す必要はありません。私は下腹に力を込めて、ペニスをビクンビクンと動かしてみせました。

「はあぁ……す、すごいわ」

じっとペニスを見つめる咲子さんの喉がゴクンと鳴りました。そのことに気づいた咲子さんは、顔を真っ赤にして言いました。

「あら、いやだわ。はしたない……」

「いや、気にすることはないよ。咲子さんがぼくのペニスを見て興奮してくれてるなんて、最高の気分だよ。さあ、しゃぶりたいんだろ？　好きにしていいよ」

私はまたペニスをビクンビクンと動かしました。

「あぁぁん、中原さんたら……私のことを思いながらこんなになってくれてるなら、お口で気持ちよくしてあげなきゃいけないわよね」

自分に言いわけするようにそう言うと、咲子さんは私の両腿に手を添えるようにしてペニスに顔を近づけました。そして、根本から先端にかけて、舌先をツーッとすべらせるんです。その舌先がカリクビのあたりを通過した瞬間、私は奇妙な声を出してしまいました。

「はあうっ！」

同時にペニスがまたビクンと激しく身震いするんです。その動きは、さらに咲子さんを興奮させたようです。

「はぁぁん……もう我慢できないわ」

右手でペニスをつかんで先端を自分のほうに引き倒すと、いきなり咲子さんは亀頭をパクッと口に含んでしまいました。そして、舌を絡めるようにしながら首を前後に動かしはじめたんです。ジュパジュパと唾液を鳴らしながらしゃぶるその様子は、ほんとうにペニスが大好きといった感じです。

「すごいよ、咲子さん……ううう……なんておいしそうにしゃぶるんだろう」

咲子さんはいったん口からペニスを出し、亀頭に軽く唇をふれさせたまま私を上目づかいに見つめて言いました。

「だって……中原さんのオチ○チンが、すっごく硬いんだもの」

そして、またペニスを咥えると、亀頭を舌で転がすように舐め回すんです。しかも咲子さんはずっと私の顔を上目づかいに見つめたままです。

最初に見たときにエロそうな女性だなと思ったのは、まちがいではなかったようです。こんなにエロいのに旦那さんとはずっとセックスレスだったというのは、ほんとうにつらかったに違いありません。

ゆさゆさとオッパイを揺らしながらフェラチオを続ける咲子さんを見おろしていると、私のペニスはパンパンにふくらんでいき、油断するともう射精してしまいそうになってきました。

いくら勃起薬を飲んでいるからといっても、一晩に二回もできるかどうかはわかりません。それに、どうせなら最高の状態で咲子さんの膣肉を味わってみたいと思った私は、あわてて腰を引きました。

「だ、ダメだよ！　咲子さん」

咲子さんの口からヌルンと抜け出たペニスは、唾液をまき散らしながら亀頭を勢いよく跳ね上げました。

「はあぁん……どうしてやめさせるの？」

唇の周りをぺろりと舐め回しながら、咲子さんが不満げに言いました。

「今度はぼくが、咲子さんを気持ちよくしてあげる番だよ」

私は咲子さんの腕をつかんで引っぱり起こし、部屋の奥にあるベッドに横たわらせました。そして私は咲子さんにおおい被さるようにして彼女の乳房を舐め回しました。

すると彼女の白い肌に、さーっと鳥肌が立ちました。

「気持ちいいんだね。ほら、乳首も勃起してきた」

「はあぁぁ……恥ずかしい……」

「いいんだよ。遠慮しないで、もっと気持ちよくなって」

私は両手で乳房をもみながら、左右の乳首を交互に舐めたりしゃぶったり、軽く甘噛みしたりしてから、今度は鳩尾《みぞおち》へそと舌を徐々に下腹部のほうへと移動させました。そして咲子さんのスカートを脱がし、最後にパンティに手をかけました。

「あぁぁん……それはダメぇ……」

鼻に掛かった声でそう言いながらも、私がパンティを引っぱりおろそうとすると、咲子さんはお尻を浮かせて協力してくれるのでした。

少し大きめのお尻の下をするりとパンティがすべり抜けました。そのまま足首まで引っぱりおろすと、最後は少し乱暴に足首から引き抜き、ベッドの横へ放り投げました。

邪魔な布がなくなったのです。私は咲子さんの両足首をつかんで、それを腋の下のほうへ向けてグイッと押しつけました。

まるで和式トイレで用を足そうとしたまま、後ろに倒れ込んだみたいなポーズです。トイレの中から覗いているかのような私の位置からは、当然、咲子さんの陰部が丸見えです。

「す……すごい」

「ああん、いや……これは恥ずかしすぎるわ」

咲子さんは両手で股間を隠してしまいました。

「ダメだよ、咲子さん。これから気持ちよくしてあげようと思ってるんだから、手をどけてくれないと舐められないじゃないか」

私は咲子さんの顔を見ながら、舌をレロレロと動かしてみせました。その動きがいやらしすぎたのでしょう。咲子さんは切なげに声を洩らしながら、ゆっくりと手をどけてくれました。

「あぁ……いや……はあぁぁん、そんなに見ないでぇ……」

もちろん私はそんな言葉は無視して、咲子さんの陰部を凝視しました。

すでに愛液まみれになっているそこは、色白の肌から想像できるとおり、まるで少女のもののようなきれいなピンク色です。でも、小陰唇は少し大きめで鶏の鶏冠《とさか》のようにビラビラしていて、すごくいやらしいんです。

「あぁ、すごくエッチだよ。それにこのマン汁……すごくおいしそうだ」

妻とのセックスのときには、そんな言葉を口にしたことなど一度もありませんでしたが、咲子さん相手だと、私はまるで変態のようになってしまうんです。

それはきっと、咲子さんの全身からただよい出るエロいオーラが原因だと思います。

そして咲子さんは恥ずかしさに耐えながら、私に要求をしてくるのでした。

「見てるだけじゃいや！　はあぁぁん……舐めて……いっぱい舐めてぇ……」

鼻に掛かった甘ったるい声でそう懇願するのに合わせて、咲子さんの膣口がヒクヒクとうごめくんです。それはまるで、その穴がしゃべっているかのようです。

「わかってるよ。いっぱい舐めてあげるね」

私は咲子さんの両足首をつかんだまま陰部に口づけし、さっき上の口にしたのと同じようにディープキスをしてあげました。すると、乳首のときに比べて一・五倍ぐらいの勢いで喘ぎはじめるんです。

「あああっ……いい……はあああんっ……もっと……もっとぉ！」

股間をヒクヒクさせながら、咲子さんは獣のような声で喘ぎます。

私はその要求にこたえようと割れ目を舐め回し、膣の中に舌をねじ込み、溢れ出る愛液をすすり、さらには舌先でクリトリスを舐め転がしてあげました。

「あっ、いやいやいや……あああっ……だ、ダメぇ……あああああん、い……イク～！」

いきなりそう声を張りあげると、咲子さんは私の体をはねのけるようにして全身をビクンとふるわせました。

「イッたの？」

私はベッドの上に座り込み、大きく胸を上下させて苦しげな呼吸をしている咲子さんを見おろしました。暖房が効きすぎているのか、それともむちゃくちゃ気持ちよかったからなのか、咲子さんはうっすらと汗をかいていました。

「そうよ、イッちゃったの。でも……まだ奥のほうがムズムズしてるの」

私の体を挟むように大きく股を開いたまま、咲子さんは言いました。見ると、唾液と愛液にまみれた膣口が、陸に打ち上げられた魚の口のように、パクパクと開いたり閉じたりを繰り返していました。

それはいやらしすぎる光景です。おそらく勃起薬を飲んでなくても、私のペニスははち切れそうなほど硬く力をみなぎらせたはずです。

「咲子さんのオマ○コ、ぼくのペニスを入れてほしくてヒクヒクしてるんだよね？」

「そうよ。入れてほしいの。ああぁぁん、中原さんのその大きなオチ○チンで、私のオマ○コの中をかき回してちょうだい。ああぁぁん、早くぅ……」

そこまで言われて、じらすなんてできません。それに私ももう入れたくてたまらなかったんです。

「わかったよ。いまから、ぼくのこの硬いペニスで気持ちよくしてあげるね」

反り返るペニスを右手でつかんで亀頭を膣口に添えると、私はゆっくりと腰を押しつけていきました。

「はああぁぁん、入ってくるぅ……ああん……すっごく奥まで届くわ。はああん！」

「ううっ……ああ、すごい！　ヌルヌルしてて気持ちいいよ、ううううっ……」

しっかり根元まで挿入してしまうと、私は咲子さんの上の口にディープキスをしながらペニスを抜き差ししはじめました。

久しぶりに味わう膣肉は最高に美味でした。しかも、それがこの色っぽい熟女の膣肉だと思うと、私の腰はひとりでに激しく動いてしまうんです。

テクニックなど関係ない、ただ本能のままの激しいピストン運動に、咲子さんもまた本能の喘ぎ声をあげつづけます。

「あぁぁん……す、すごい！　あああぁ、壊れちゃう……ああああん、オマ◯コが壊れちゃうぅ！」

「咲子さん……ううう……気持ちいいよ……あああああっ！」

私はズンズンと力任せにペニスを突き上げつづけました。二人の体がぶつかり合って、パンパンパンと拍手のような音が響くほど激しくです。

「あああっ……イクぅ！　はああん！　またイク、イク、イク！　はああん！」

咲子さんは私の下で、何度もイキまくります。そして、そのたびに彼女の膣壁が、私のペニスを引きちぎらんばかりに締めつけるんです。

その快感は強烈で、私もすぐに限界に達してしまいました。

「ああっ、咲子さん……ぼ……ぼくももうイキそうだ！」

苦しげに言う私の声に、咲子さんも苦しそうな声でこたえました。

「い……いいわ、中に……あああん！　中にちょうだい……あああん！」

その言葉を聞いた瞬間、私の中の堤防が決壊し、熱い思いが一気に尿道を駆け抜けていきました。

「うう！　で、出る……うううっ！」

私はペニスを奥まで突き刺した状態で腰の動きを止めました。そして、美しい熟女の子宮めがけて、精液を大量に迸《ほとばし》らせたのでした。


その日以降も、私と咲子さんの関係は続いています。

咲子さんは果てしなくエロく、そんな彼女をイカせまくっているうちに私はすっかり自信を取り戻し、いまでは勃起薬の力を借りなくてもペニスはビンビンに勃起するようになりました。

残りの人生、いままでのぶんまで、いっぱいエッチをしまくりたいと思っています。

老人を手なづける美人介護ヘルパーの欲求不満な牝穴を思う存分堪能し……

田中耕作　会社員・六十四歳

私は定年後も、再雇用で働いています。もう引退して、好きなことに時間を費やせたらいいのですが、正直に言うと、親の介護から逃げるために仕事を続けているようなものなのです。

母親はすでに他界していますが、九十歳になる父親がまだがんばっています。長生きは大いにけっこうなのですが、父は超のつく頑固者《がんこもの》で、ワガママな性格です。それが歳とともに年々ひどくなっているので手を焼いていました。

生家は古くて手狭なため、私も弟も、それぞれ別のところに所帯を持って暮らしています。そろそろ一人も心配だからと、何度か我が家に誘いましたが、自分の家への執着《しゅうちゃく》が強く、一人で暮らすと言って聞きませんでした。

耳の聞こえが悪くなっていること以外、特に持病もないため、しばらくはふつうに暮らせていました。それでも、弱った足腰を杖で支えていましたから、ときどき仕事帰りに寄って様子を見ていたのです。ところがある日、無理をして転倒してしまい、腰の骨を折り、寝たきりに近い状態になってしまったのです。

急いで介護認定の申請などをすませ、一日三回ヘルパーに来てもらうことにしました。案の定、父は激しく反発しましたが、必死で説得しました。

それから間もなくして、ヘルパーを派遣する介護事業所から連絡が入りました。さっそく、トラブルを起こしたらしいのです。

事情を聞いてすぐに父に伝えにいきましたが、双方の言い分には食い違う点が多いのです。寝たきりになってから、徐々に認知機能が低下している父の言い分のほうが、信ぴょう性が低いようにも思えましたし、どうせ原因は父にあることもわかっていました。それでもせめて肉親の私くらいは味方になってあげたい気持ちもあり、ことあるごとに、父の愚痴を聞いてやっていました。

それ以降、男性や女性、さまざまな年齢のヘルパーたちが交代で父を受け持ってくれましたが、中には泣いて帰る人や怒って帰る人もあり、苦労が続いていました。

ところがある時期から、父の様子に変化が見られたのです。

以前より聞き分けがよくなって、私が立ち寄っても、愚痴らなくなりました。愚痴るどころか、様子を聞くと口を閉ざしてしまうのです。喜ぶべきことですが、あの偏屈が急におとなしくなったことのほうが不気味でした。そんなに簡単に操れる人間でないことは、私がいちばんよく知っていました。

どこか体の具合でも悪いのかと思い、事業所に問い合わせると、事業所のほうでも、その変化に驚いていたようです。いまのヘルパーとは相性がよいのかもしれませんねと言われましたが、どうしても気になって、会社の帰りに立ち寄ることにしました。どんなふうに手なずけているのかを知りたい気持ちと同時に、ひょっとしたら、何か暴力的な方法で従わされているのかもしれない、ということも考えたのです。いくら口で偉そうにしていても歳が歳ですから、力では、かないっこありません。

玄関ドアにはキーボックスをつけていますが、中は空で、ヘルパーが来ていることがわかりました。

せっかくおとなしく過ごしているなら邪魔をしてはいけないと思い、そっとドアを開けると女性ものの靴がありました。

玄関の横には台所と、それに続く居間があり、その奥に父のいる部屋があります。襖は半分閉じられていましたが、そのすき間から女性の声が洩れてきました。父と話すときは、どうしても声が大きくなるのです。驚いたのは、女性の声に続き、父の笑い声が聞こえてきたことです。もう何年も父の笑い声など聞いたことはありませんでした。なんとなくうれしくなり、虐待の心配などしてしまったことを後悔しました。せっかくだから、ご苦労様とひと声かけて帰ろうと、靴を脱いだときでした。

「ア、ハァン……だめ。耕三《こうぞう》さん、歯磨きしてからよ。待って、イヤン」

あまりに色っぽい声なのでドキッとしました。ふざけてじゃれ合っているだけかもしれないと思いつつ、どんなやり取りをしているのだろうと、襖の陰から覗きました。

介護ベッドのリクライニングの背もたれを起こしている父と、その父におおいかぶさるようにして、世話をしてくれている女性の後ろ姿が見えました。

食事を終えたあとらしく、足元には空の食器が置かれていました。

「きちんと完食したら、さわらせてくれるって約束しただろう？　ほら、早く、早く」

父の声が弾んでいました。その父の手が、彼女の背中をなで回しているのが見えました。エプロンの紐をほどこうとしていたのです。

そんなことをしたら、またヘルパーが来なくなってしまうぞ！　心の中でそう叫びながら止めに入ろうかと迷っていると、意外にも彼女は「はい、はい」と返事をして自分からエプロンを脱ぎはじめたのです。

「もう、ほんとに甘えんぼさんでエッチなんだから！　少しだけよ」

長い髪を一つに束ねている彼女が体の向きを変えたとき、ちらっと横顔を見ることができました。まだ四十歳前後の、きれいな人でした。

彼女は、ポロシャツのすそをまくり上げると、その胸を父の顔に近づけました。こちら側からは、白くふくよかな背中とブラジャーのベルトが丸見えになっていました。

「ほら見て、耕三さんの好きな白い下着にしたのよ。あぁっ、あわてないで!」

白い背中に父の手が回り、その指先がブラのホックをはずそうと苦戦していました。

あまりにも予想外だった光景を目の当たりにして、心臓がバクバクしていました。とんでもないものを見てしまったという驚きと、ムラムラするような興奮が入り混じっていました。

「あうっ! そんなにモミモミされたら感じちゃう……ハウッン、ウンン」

彼女の背中に隠れてこちら側からは見えませんでしたが、どうやら父は、露《あらわ》になった胸をもみ、そこに吸いついているようでした。

「はぁ、はぁ、俺のもさわっておくれよ……なんだかムズムズしてきたよぉ」

父が催促すると、彼女の手が、父のはいているジャージの中にもぐりこんでいきました。遠目でよく見えませんでしたが、ゴシゴシとしごいているように見えました。

「あ、今日はちょっと大きくなってる。耕三さんすごいわ。ああ、私も気持ちいい」

いやがる女性に父が無理強いしているのか？　女性のほうは、仕事をはかどらせるために渋々受け入れているのか？　その短い時間では何もわかりませんでした。

もっと見てみたい気持ちはありましたが、二人のやり取りや、なまめかしい声に刺激され、自分の股間まで勃起しはじめてしまったので、これはいかんと自戒して外に出ました。そんな興奮を味わったのは数年ぶりのことで、自分でも驚いていました。

家に帰っても落ち着かず、その夜は、あれこれ考えて寝つけなくなりました。仮に父がそれで喜んでいたとしても、あきらかに不適切な介護です。今後、問題が起こったら、また言い分が食い違ったりして面倒なことになるなと思いました。

そこで、監視カメラを設置することを思いついたのです。

そこまでの経緯を見守るためと、何か問題になったときのために、証拠を残しておいたほうがいいと思いました。

家族にも知られたくないので、電気街まで足を運び、超小型の監視カメラを入手しました。スマホからも遠隔操作ができます。最近の機械はどうも苦手でしたが、調べたり、取扱書を熟読したりするうちに、夢中になっている自分に気づきました。

親の様子を見守るためという建前はありますが、監視という名の覗きでもあります。あの女性がまた同じことをするのなら、見てみたいという好奇心もありました。

父がリハビリに出かけているすきを狙って、取りつけにいきました。ベッド周りに二箇所設置し、何度も試し撮りをして映像を確認したり、アングルを修正したりしました。そんなふうに準備している間、妙に楽しくて、ワクワクが止まらなくなっていました。子どものころ、昆虫採集の罠を仕かけていたときと似たような気分でした。

ふと見ると、父のベッドサイドのゴミ箱に、滋養強壮剤と、鎮痛剤を飲んだあとの空箱が捨ててありました。涙ぐましい男の努力を見た気がしました。

介護記録帳を見ると、彼女の名前と、当番の時間帯が書いてありました。彼女は週に三回、夕方からの担当でした。

その日から、撮った映像を見るのが日課になりました。

他人が父を介護している場面を見るのは初めてでしたが、いろいろな年代のヘルパーが、父のワガママに耐えながら懸命に作業をしてくれる姿に胸を打たれました。内緒で見張っていることが申しわけなくなったほどです。

しかし問題は、夕方からやってくる彼女でした。録画を見るまで待ちきれず、定時で会社を飛び出すと、人けのない公園に行って、カメラを映すスマホを見つめていました。時間どおりにやってきた彼女に、「遅かったじゃないか」と文句を言う父の様子から、いかに待ちわびているのかが伝わってきました。

エプロン姿で調理したものを父の前に置き、その間に手際よく洗濯物をたたんだり、着替えの準備をしたりしていました。

カメラは彼女の顔を、正面からバッチリ捉えていました。ふっくらとした白い頰の、いかにも男好きのするタイプでした。親子で好みが似ているな、なんて変なところに感心しました。彼女は常に笑みを浮かべながら、優しく誘導してくれていました。

「耕三さん、食後のお薬を飲んでくださいな」

そう言いながら、父の口に錠剤を入れると、吸い飲みではなく、自らの口に水を含んで父の口に注ぎはじめました。あんなにいやがっていた病院の薬を、こんな方法で飲ませてもらっていたのかと驚きつつ、うらやましいような気持ちさえわいてきました。

「おトイレをすませたら、お体をふいて、パジャマに着替えましょうね」

「トイレなんかあとでいいよ、時間がなくなっちゃう」

相変わらずワガママを言っていましたが、その顔はほころんでいて、見ているこちらまで幸せな気分になりました。最初に上半身を裸にされて、腕や指先、背中までていねいにふいてもらうと、父は気持ちよさそうに目を細めていました。

上半身がすむと、パジャマを着せられ、今度は下半身を脱がされていました。腰に巻いたコルセットをはずされると、父の手が彼女の胸元に伸びていきました。

「いやん、早くふかないと風邪をひいちゃいますよ。アン、だめだってばぁ……」

現場で見たときと同じように、父のほうから手を伸ばしていましたが、彼女はそれを払いのけるでもなく、むしろ喜んでいるかのように、体をくねらせました。

密室で、若い女に陰部をいじられていたら、おかしな気分になってしまうのもわかるような気がしました。

「乳首がビーンと立ってきたよ。お前さんだって、もう感じてるじゃないか」

父の手は、すでに彼女のポロシャツの中にあり、ギュウギュウともんでいました。

「アアッ、ダメ、ダメ……またおかしくなっちゃうっ」

そうつぶやいた彼女の手が、父の股間に伸びていました。くったりと力なく縮こまっているイチモツを、指先で優しく包み込んで、こすりはじめたのです。

「はぁ〜、気持ちいいな。こんなに気持ちいいのに、なんで大きくならんのかなあ」

父は下半身をときおりピクピクさせながら、残念そうに言いました。

すると彼女は、そんな父を慰《なぐさ》めるように、キスをして言いました。

「気にしちゃだめ。少しずつ硬くなってますよ。耕三さんの、すごくエッチですよ」

カメラに映る限りでは、少しも大きくなっているようには見えないのですが、そう言われた父は、うれしそうな顔をしました。

「口でしておくれよ。今日こそは、カチンコチンになるかもしれんぞ」

口でなんてと驚いて見ていましたが、彼女は笑って父の股間に顔を寄せると、ためらう様子もなくイチモツを咥えました。

ベッド側面の壁掛けに仕込んだカメラが、その口元をアップで捉えていました。父はまだ、思うように動けない様子でしたが、満足そうに見おろしていました。

ジュルルと唾液の音を立て、イチモツに舌を巻きつけたり吸いついたりしている彼女の顔を見ていたら、私の股間までムズムズしてきました。そんな映像は、巷にごまんと溢れていますが、ごくふつうに自分の周りにいる人のそういった光景には、まったく別の興奮がありました。

結局、父のものが大きくなることはありませんでしたが、気持ちだけは興奮しているらしく、尺八している彼女の尻をなでながら、声をあげていました。

「くぅ、いいねぇ！　お前さんのエッチなところも見せてごらん。さあ、脱いで」

彼女はキョロキョロあたりを見回し、カーテンが締まっていることを確認してから、ジーンズを脱ぎはじめました。白く盛り上がった尻が画面に映し出されると、私の股間は、ズボンの中で窮屈なほど張り詰めました。

父のしわだらけの指が、むっちりとした腰や尻をもみほぐすように這い回っていました。その手はゆっくりと太ももに移動して、陰毛の奥にすべり込んでいきました。

「ほれ、みろ。またこんなにべっとり濡れてるじゃないか」

彼女は、ベッドのわきに立ったまま、アソコをいじられて喘ぎ声を洩らしていました。

「アァッ、そんなふうにクチュクチュされたら、我慢できなくなっちゃう……」

よほど感じているらしく、小刻みに尻の肉をふるわせていました。

「顔の上においで。このヌルヌルのお豆さんを、じっくり舐めてあげるよ」

ベッドによじ登った彼女は、父の顔を見おろしながら、頭を跨《また》ぎました。私は息を呑んで、急いでもう一台のカメラの映像に切り替えました。ベッドの上方向からのアングルで、彼女の体が正面から映し出されました。動き方によって、寝具や脱いだ服などで死角が出来るのですが、その不自由さがまた、覗き心を煽ってきました。

映像には、ポロシャツを脱がされた彼女の乳房も映し出されていました。父の手のひらにすっぽり収まる形のよい乳房を、食い入るように見つめていました。敏感そうにふくらんでいる乳首をつままれると、押し殺したような喘ぎ声が一段大きくなりました。乳房を揺らしながら、父の鼻先に恥骨を押しつけていました。

アソコの細部まではアップにできませんでしたが、黒々とした陰毛の奥に父が舌を伸ばすと、「アアーン!」と甲高い声がイヤホンから響いてきました。

父の舌が動くたびに、ピチャピチャと湿った音が聞こえました。

私の股間はもう限界まで勃起していました。つい夢中になって見入っていましたが、そこが公園であることを思い出し、あわてて公衆トイレに駆け込んだのです。

個室に入って股間のものを引っぱり出してしごきました。この年になって、そんな場所でそんな行為をすることになるとは夢にも思っていませんでした。情けない気持ちが半分、若いころに戻ったような喜びが半分でした。むしろ、喜びのほうが大きかったかもしれません。

「ウワァン! 気持ちイイ～! アウッ、ウン、ウン、イッちゃいそう、ウウ、イクう!」

昂《たかぶ》った声で叫んだ彼女は、眉間にしわを寄せ、激しく腰を振っていました。

その声を聞きながら、夢中でしごいているうちに、私も爆発寸前になっていました。そんなによがっている女を目の前にして、入れてやれない父のもどかしさは、いかばかりだろうと思いました。すぐにでも彼女の元に行って、父の代わりにぶち込んでやりたい! 心の底からそう思いました。エプロン姿のときとは別人のように、だらしなくゆがむ彼女の顔を見ながら、私は射精していました。

「イッたのかい？　いっぱいおつゆが出てきたよ、全部飲んでやるからな」

父は、挿入できないことの埋め合わせをするかのように優しくそう言って、彼女の股間を舐めつづけていました。

家に帰ってからも、妻が寝たのを見計らって、何度も再生して見ていました。冷静に見ても、彼女には少しもいやがっている様子はなく、むしろ本気で感じて楽しんでいるように見えました。最初のきっかけはどんなふうだったのかわかりませんが、父が無理強いしているとも思えませんでした。

会話から、バツイチで小学生の子を持つシングルマザーであることがわかりました。いつでも事業所に訴えられる証拠を手に入れたものの、告げ口をする必要があるだろうかと考えました。一人親なら職を失ったら困るだろうな、などとよけいなことも頭をめぐりました。彼女の違反行為によって、父が穏やかになったのも事実だし、治療に前向きになってリハビリをがんばりはじめたのも事実なのです。

それに、そんなことをしていながらも、彼女はだれよりもテキパキとよく働き、父への気づかいもけっして忘れませんでした。

それからしばらく様子を観察しましたが、日によっては彼女のほうから抱きついたり、キスをしたりして誘うこともありましたし、父にせがまれて尺八だけをすることもありました。お互いに寄り添っている感じで、年の離れた恋人同士のように見えることさえありました。

数日間見守るうちに、彼女の行為の何がいけないんだと思うようになりました。彼女はだれのことも不幸にしていないのです。私だって彼女のおかげで、数年ぶりに高揚した気分を味わい、射精の喜びを思い出せたのです。この映像はだれにも見せず、父の見守りを兼ねて、自分だけの秘かな愉しみにしようと決めました。

父は彼女が来る時間が近づくと、手鏡を見て櫛《くし》を入れたり、髭を剃《そ》ったりしていました。そんな様子を見るうちに、私まで鏡を見ることが増えていました。親父でイケるのなら、俺だって捨てたもんじゃないはずだという気持ちが芽生えていたのです。

そんなある日、とうとうカメラが彼女のアソコをバッチリ捉えてくれました。ベッドの上に乗った彼女が、父の顔に尻を向けて跨《またが》ったのです。いつもいつもチラ見えだったので、待たされたぶんだけ感慨深いものがあり、股間にググッと力がみなぎりました。その日はネットカフェの個室で見ていたので、とっさにイチモツを握り締めていました。丸い尻のすき間に開いた赤い花ビラから、愛液が垂れ落ちていました。

いつになく激しく悶《もだ》える彼女にこたえようとする父の愛撫にも力が入っていました。花びらの裂け目にねじ込んだ指で、えぐるように奥を突くと、彼女の喘ぎがいっそう激しくなりました。そのとき、むせび泣くようなうめき声の中に混じった言葉を、イヤホンがしっかりと拾いました。

「あうっ、ううっ……アアッ、大きくて硬いのを入れてほしいっ！」

思わず洩れた本音なのでしょう。父の耳には届かなかっただろうと思います。私はとうとう抑えがきかなくなっていました。彼女に会いたくなったのです。

次に彼女が訪ねてくる日を待ち、会社を早退して父の家に行きました。突然の訪問に驚いている父に、ヘルパーとの打ち合わせがあると嘘をついて彼女を待ち伏せました。いざ本人と顔を合わせると思うと、ドキドキしました。

やがて、いつもどおりの時間に、彼女は合い鍵を使って部屋に入ってきました。私の姿を見て、立ち止まった彼女を二階に誘導しました。二階は、昔自分が使っていた部屋で、いまは物置になっています。オナニーにふけっていたなつかしい部屋でした。

「いつも父がお世話になっています。ちょっと相談したいことがありまして」

怪訝な表情を浮かべている彼女に、深々と頭を下げました。父がいかに元気になったか、穏やかになったかを話して、あらためて礼を言うと、彼女は頬を赤く染めました。その顔が、感じているときの表情に重なり、思わず抱きついていました。抵抗した彼女に、嫌われる覚悟でささやきました。

「実は全部、カメラで見ていたんです。だれにも言いません。だから、いいでしょう？」

そう言った瞬間、彼女の体から力が抜けていきました。抱き締めた彼女の体は、映像で見ていた以上にふっくらと柔らかな感触でした。目に焼きついている彼女の体や乱れた姿が、頭の中を駆け巡りました。

ズボンの中で痛いほど勃起してしまったイチモツを、彼女の体に押し当てました。

「本当は、こういう大きいのを入れてほしいんですよね？　知っていますよ」

思春期を過ごした部屋の空気も手伝って、若いころの飢えた感覚を呼び覚まされていました。まるで童貞男のように、せっかちに彼女を畳の上に押し倒していました。

ポロシャツの中に手を入れると、指先が柔らかいふくらみに沈みました。穴が空くほど見ていた乳房を、とうとうこの手でもみしだいたのです。

「アッ、アアッ、だめ、だめです……いやん、ごめんなさい！」

服をまくり上げ、硬くすぼまっている乳首に吸いつくと、彼女は「フゥ！　ウッハン」と、聞き慣れた声を洩らして体を揺すりました。本気で感じはじめたときの声でした。カメラ越しに、じっくりと見ているうちに、どうしたら彼女が感じるのか、どうなったら乱れるのかまで覚えてしまっていました。

服を脱がせて、ジーンズを引きずりおろすと、父が好きだという白いパンティをはいていました。その日もやる気でいたのだと理解して、遠慮なくその中に手を突っ込みました。指がヌルッとすべり込むほど、べっとり濡れていました。

「アハン！　許してください。私、感じやすいんです。アアッ、いけません！」

揺れる乳房に吸いつきながら、いきり立ったイチモツを、ワレメの中心に勢いよく突き立てていました。腰を振ると、波打つように痙攣する花ビラが、イチモツにまとわりついてきました。

「アッハン！　こんなに硬いのだと、感じすぎちゃう！　アンン、ハァ〜ン！」

根元まで埋め込んで、結合部分を見おろしました。監視カメラで確認するのは不可能だった映像です。父の悲願を、代わりに達成した気分でした。

イキそうになって合図すると、彼女は体にかけてとせがんできました。彼女にとっては、射精シーンが悲願の映像だったのです。

ことを終えてから、父親譲りのワガママな自分に気づいて反省しましたが、時すでに遅し。あくる日から、彼女は来なくなりました。突然辞めてしまったそうです。捕まえた蝶は、カゴの外から眺めて楽しむべきだったのです。父はいまも毎日、彼女のことを待っています。私は父のためにも自分のためにも、彼女を探しつづけています。

第二章 肉悦の虜となる男と女の淫らな素顔

ソロキャンプに来ていた傷心美女と山奥のテントの中で衝撃の青姦体験！

斎藤克哉　会社員・五十八歳

私は若いころからの趣味で、さまざまな場所でキャンプをしてきました。

本格的なキャンプ道具を揃え、車はもちろんキャンピングカーです。休日になるとキャンプ場に出かけて自然を満喫しています。

しかし私の趣味に妻や年ごろの娘は理解を示してくれません。いい年をして子どものようなまねをしてと、あきれた目で見られているのです。

それがかえって、私には好都合でした。家族を気にせず一人で行動できるので、どこへでも自由に行くことができます。

先日も私は、土日の二日間を使ってとあるキャンプ場に行く計画を立てていました。

そこは山奥の河原に近い場所にあり、私の中では穴場のスポットです。

まず自然がいっぱいで景色がよく、休日でもほとんど人が来ることはありません。

仲間とワイワイやるより、一人のキャンプが好きな私は、家族連れが多いような場所はできるだけ避けています。

残暑の感じられる季節で天気も快晴。私は前日から張り切って準備をし、お目当てのキャンプ場に出かけました。

ところがいつもは人のいないその場所に、先客の車が停まっていたのです。

まぁ貸し切りではないので、たまにはこういうこともあります。ただ騒がしそうな若者グループであれば、近づかずにさっさと退散するようにしています。

しかしキャンプ場内いたのは、女性が一人だけでした。

年齢は二十代の後半ぐらいで、なかなか美しい見た目です。長い髪を束ねてシャツを腕まくりし、テントの準備をしているようでした。

ただ手際は素人そのもので、キャンプに慣れていないのが一目でわかりました。

最近は女性の間でも、ソロキャンプがちょっとしたブームになっているようです。

しかし慣れていなければ、簡単に見えるテントの設営でも難しいのです。

見ていられなくなった私は、彼女に近づいて声をかけました。

「あの、よろしければお手伝いしましょうか？」

「すみません、助かります」

彼女は申し訳なさそうに私に言いました。

彼女の名前は美幸《みゆき》さんで、都心でOLをしているそうです。

やはり一人でキャンプ場に来ていて、キャンプ道具も真新しいものでした。それにはどうやら深い事情があったようです。

「実はつきあっていた彼氏とここに来るはずだったんですけど、昨日になって突然別れてしまって……」

そう切り出すと、堰を切ったように打ち明けはじめました。

なんでもその彼氏とは二年前につきあいはじめ、初めて二人でキャンプを計画していたというのです。

ところが昨日になって彼氏の浮気がスマホから発覚。大ゲンカの末に当然キャンプも中止になり、勢いで別れてしまったものの、せっかく買い揃えたキャンプ道具はむだにしたくはない。そこでヤケになって一人でキャンプ場まで来てしまったとか。

もちろんソロキャンプなど初めてで、テントのつくりかたもわからずに悪戦苦闘していたところを、たまたま私がやってきたようなのです。

話を聞いていると、美しい見た目とは裏腹に、かなり勢いで行動してしまうタイプのようです。いくら失恋したからといっても、知識や経験もないのによくキャンプを

101-8405

書籍のご注文は84円
アンケートのみは63円
切手を貼ってください

東京都千代田区神田三崎町2-18-11

二見書房・M&M係 行

ご住所 〒

TEL - - Eメール

フリガナ

お名前 (年令 才)

※誤送を防止するためアパート・マンション名は詳しくご記入ください。

20.12

愛読者アンケート

1 お買い上げタイトル（　　　　　　　　　　　　　　　　　　）

2 お買い求めの動機は？（複数回答可）

□ この著者のファンだった　□ 内容が面白そうだった
□ タイトルがよかった　□ 装丁（イラスト）がよかった
□ あらすじに惹かれた　□ 引用文・キャッチコピーを読んで
□ 知人にすすめられた
□ 広告を見た　（新聞、雑誌名：　　　　　　　　　　）
□ 紹介記事を見た（新聞、雑誌名：　　　　　　　　　）
□ 書店の店頭で　（書店名：　　　　　　　　　　　　）

3 ご職業

□ 学生 □ 会社員 □ 公務員 □ 農林漁業 □ 医師 □ 教員
□ 工員・店員 □ 主婦 □ 無職 □ フリーター □ 自由業
□ その他（　　　　　　　　　　　　　　　　）

4 この本に対する評価は？

内容：□ 満足 □ やや満足 □ 普通 □ やや不満 □ 不満
定価：□ 満足 □ やや満足 □ 普通 □ やや不満 □ 不満
装丁：□ 満足 □ やや満足 □ 普通 □ やや不満 □ 不満

5 どんなジャンルの小説が読みたいですか？（複数回答可）

□ ロリータ　□ 美少女　□ アイドル　□ 女子高生　□ 女教師
□ 看護婦　□ ＯＬ　□ 人妻　□ 熟女　□ 近親相姦　□ 痴漢
□ レイプ　□ レズ　□ サド・マゾ（ミストレス）□ 調教
□ フェチ　□ スカトロ　□ その他（　　　　　　　　）

6 好きな作家は？（複数回答・他社作家回答可）

（　　　　　　　　　　　　　　　　　　　　　　　　　　）

7 マドンナメイト文庫、本書の著者、当社に対するご意見、ご感想、メッセージなどをお書きください。

ご協力ありがとうございました

↓ この線で切

●人妻同級生 憧れの誘惑体験[18124 722円]
●ハーレム不動産 美人女子社員だらけの営業所[17184 713円]
●ハーレム学園吹奏楽部 美人姉妹の禁断レッスン[17102 713円]
●清純女子テニス部 男子マネージャーの誘惑ハーレム[16121 686円]
●ハーレム学園演劇部 放課後の禁断レッスン[15195 686円]
【伊吹 泰郎】(いぶき・やすろう)
●剣道部の先輩女子 放課後のふたり稽古[20138 719円]
【浦路 直彦】(うらじ・なおひこ)
●美少女たちのエッチな好奇心 大人のカラダいじり[20052 705円]
●妻、処女になる タイムスリップ・ハーレム[19147 694円]
●小悪魔少女とボクッ娘 おませな好奇心[18175 722円]
●無邪気なカラダ 養女と僕の秘密の生活[17084 686円]
●敏感なつぼみ 美少女ヒミツ倶楽部[13149 648円]
●可憐なつぼみ[13016 648円]
【鬼塚 龍騎】(おにづか・りゅうき)
●新任女教師と音楽女教師 性獣学園の奴隷たち[19002 694円]
●性獣女学院 Sランク美少女の調教授業[17168 686円]
【尾張 弘樹】(おわり・ひろき)
●むちむちヨガ教室 巨乳インストラクターの個人レッスン[18064 686円]
【柏木 春人】(かしわぎ・はるひと)
●美娘とその熟母 淫らな復讐[15001 648円]
●美姉妹調教 姦る!-[12044 600円]
【北原 童夢】(きたはら・どうむ)
●隻脚の天使 あるいは異形の美[20140 900円]
【北山 悦史】(きたやま・えつし)
●人妻 脱ぎたての下着[16011 657円]
【桐島 寿人】(きりしま・ひさと)
●三年C組 今からキミたちは僕の性奴隷です[20086 719円]

●淫情ホテル[17028 722円]
【佐鳥 小五】(さとり・しょうご)
●僕とカノジョの密やかな30日[17068 686円]
【沢渡 豪】(さわたり・ごう)
●清楚アイドル蟻地獄[18001 694円]
【鈴川 廉平】(すずかわ・れんぺい)
●美母と二人の若叔母を寝取られた僕[19127 694円]
●寝取られ義母 禁断の三角関係[18031 686円]
●寝取られ熟母 僕の親友は悪魔[17048 686円]
【高村 マルス】(たかむら・まるす)
●狙われた幼蕾 背徳の処女淫姦[20085 705円]
●幼肉審査 美少女の桃尻[19201 694円]
●半熟美少女 可憐な妹のつぼみ[18083 686円]
●美少女ジュニアアイドル 屈辱の粘膜いじり[17116 686円]
●新体操姉妹 レオタードの染み[16155 686円]
●いけにえ 危険な露出願望[16057 648円]
●美少女 淫らな拷問実験[14118 648円]
●鬼畜教師と美少女 肛虐レッスン[14001 648円]
【竹内 けん】(たけうち・けん)
●浴衣ハーレム 幼なじみとその美姉[20103 705円]
●修学旅行はハーレム 処女踊り食いの6日間[20003 705円]
●女教師釣り 放課後の淫蕩ハーレム[19108 694円]
●僕とお姉さまたちのハーレム卒業旅行[18176 722円]
【橘 真児】(たちばな・しんじ)
●捨てる人妻、拾う人妻[20149 719円]
●人妻食堂 おかわりどうぞ[20081 719円]
●人妻の筆下ろし教室[20030 705円]
●あの日抱いた人妻の名前を僕達はまだ…[19194 694円]

【葉月 奏太】(はづき・そうた)
●私の彼は左向き[20165 719円]
●人妻のボタンを外すとき[20095 719円]
●淫ら奥様 秘密の依頼[20029 694円]
●夢か現か人妻か[19193 694円]
●もうひとりの妻[19119 694円]
●いきなり未亡人[19009 722円]
●人妻 やりたいノート[18135 722円]
●君の縄。[18060 722円]
●奥さん、入りますけど。[17197 740円]
●奥さん、透けてますけど。[17113 722円]
●人妻どろぼう[16205 722円]
●新人家庭教師 お母さんが教えてあげる[16071 657円]
●二人の叔母[15040 657円]
【羽村 優希】(はむら・ゆき)
●【完堕ち】アイドル養成学校処女科[20104 705円]
●美少女の生下着 バドミントン部の天使[19182 694円]
●鬼畜教室 狙われた清純少女と女教師[18107 722円]
【早瀬 真人】(はやせ・まひと)
●ハーレム教室 僕らの童貞喪失日記[17133 686円]
●豊満叔母 おねだり熟尻[16156 686円]
●姉の黒下着 禁じられた衝動[14134 648円]
●おさない処女 レオタードの快感実習[13179 648円]
【藤 隆生】(ふじ・りゅうせい)
●人妻巨乳バレーボーラー 寝取られM化計画[20034 719円]
●女子アナ候補生 鬼畜サークルのマゾ開発[18106 694円]
●巨乳秘書 鬼畜の洗脳研修[16174 686円]
【深草 潤一】(ふかくさ・じゅんいち)

↑ この線で切

→ この線で切り取ってください

← この線で切り取ってください

●嫁の姉 誘惑の夜[18186 694円]
●淫ら義母 乱れる[18101 694円]
●隣りの人妻 誘惑の夜[17178 694円]
●清楚妻 ほんとは好き[17063 694円]
●兄嫁・真理子の手ほどき[16084 657円]
●誘惑通勤電車[12118 657円]
【星 悠輝】(ほし・ゆうき)
●折檻義母とご褒美ママ[19183 694円]
【星名 ヒカリ】(ほしな・ひかり)
●美叔母と少年 夏の極上初体験[20155 705円]
【真崎 好摩】(まさき・こうま)
●僕が寝取った人妻奴隷[19037 694円]
【真島 雄二】(ましま・ゆうじ)
●美人講師と有閑妻 オモチャになった僕[20020 705円]
●三人の美人妻 弄ばれた童貞ペット[18048 686円]
●美人司書と女教師と人妻[16193 686円]
【美里 ユウキ】(みさと・ゆうき)
●女子校生刑事潜入！ 学園の秘密調教部屋[20070 719円]
●女教師蟻地獄 恥辱の性処理担任[19128 694円]
●ねらわれた女学園 地獄の生贄処女[18193 722円]
【観月 淳一郎】(みづき・じゅんいちろう)
●美姉妹教師と僕 放課後はハーレム[19166 694円]
●人妻シェアハウスは僕のハーレム[17049 686円]
●ふたご巨乳ナース 僕と義母と叔母と[16058 648円]
【深山 幽谷】(みやま・ゆうこく)
●名門女子校生メイド お仕置き館の淫らな奉仕[20120 719円]
●熟女連姦ツアー 魔の奴隷調教[19202 740円]
●奴隷夫人 悦虐の魔境[18123 740円]
●少女矯正学院破魔島分校 双子美少女の奴隷地獄[17103 740円]

●無垢な小悪魔たち 言いなりハーレムの8日間[15157 648円]
●あ・そ・ぼ？ 美少女たちの危ない夏休み[14075 648円]
【山口 了】(やまぐち・りょう)
●新人秘書研修 ふしだらな淫乱接待[18002 686円]
【柚木 郁人】(ゆずき・いくと)
●奴隷帝国ニッポン 牝奴隷調教機関[20035 719円]
●牝奴隷と牝化奴隷 幼い許嫁の完全調教[18156 694円]
●愛娘譲渡 悪魔の相姦調教[17153 694円]
●奴隷学園 アイドル養成科[16194 686円]
●兄妹奴隷［スレイブ］誕生 暴虐の強制女体化調教[16074 686円]
【渡辺 やよい】(わたなべ・やよい)
●美母 裏でお願い[17062 713円]
●人妻 乱れ堕ちて……[16085 657円]
●隣のとろける未亡人[15148 657円]
●ご奉仕します 人妻家政婦[14114 657円]
【綿引 海】(わたびき・うみ)
●美少女島 聖なる姉妹幼姦[20173 728円]
●いじめっ娘ペット化計画[20051 719円]
●はいから姉妹 地下の拷問部屋[19148 694円]
【素人投稿編集部】
●激ナマ告白 田舎の人妻たち[20176 728円]
●素人告白スペシャル 年上の女《ひと》[20157 719円]
●素人告白スペシャル［昭和―平成］想い出の相姦[20141 705円]
●素人告白スペシャル 隣の人妻―夜の淫らな痴態[20123 705円]
●素人投稿スペシャル 禁断の熟妻懺悔録[20106 705円]
●素人告白スペシャル 働く人妻 夜の出勤簿[20087 705円]
●熟年相姦 忘れえぬ母の柔肉[20071 705円]
●素人告白スペシャル 熟妻の不倫懺悔録[20053 705円]
●禁断白書 わたしの衝撃的な初体験[20037 705円]

●女たちの相姦ナマ告白[15084 648円]
●性体験告白 夏の淫らな思い出[15120 648円]
●絶頂体験告白 すごい初体験[15016 648円]
●秘録 昭和の相姦告白集[15002 648円]
●熟れた好色妻たちの告白[14169 686円]
●相姦白書 禁断の関係に堕ちた女たち[14151 686円]
●本当は淫らな隣の奥様[14119 648円]
●禁じられた体験 肉欲に堕ちた人妻たち[14102 686円]
●禁断の相姦告白 熟れた母の秘密[14089 686円]
●投稿 田舎の若奥様 禁断の告白体験[14077 686円]
●隣のいやらしすぎる奥様[14046 686円]
●禁断の人妻レポート 淫らに溺れる熟女たち[14018 648円]
●素人投稿ドキュメント 淫らすぎる人妻体験[14002 648円]
●塾妻告白 おいしい不倫[18018 686円]
●人妻告白スペシャル 人に言えない淫らな体験[17185 686円]
【性実話研究会】
●禁断レポート 感じすぎてしまうオンナたち[18177 694円]
●素人告白スペシャル 熟年世代の回春体験[18141 694円]
●熟年相姦 濡れた母の柔肌[18125 694円]
●禁断白書 ハラスメントな奥様たち[18108 694円]
●禁断レポート 痴女妻[18065 686円]
●禁断告白 奪われた母の操[18035 686円]
●相姦白書スペシャル 禁忌に溺れる女たち[18003 713円]
●告白解禁 昭和の淫ら妻の回顧録[17169 686円]
●禁断白書 相姦体験の誘惑[17135 686円]
●告白解禁 熟れごろ奥様のふしだら体験[17104 686円]
●特濃体験告白 年上妻の淫らなひみつ[17069 686円]
●人妻告白スペシャル はじめての淫ら体験[17033 686円]
●禁断告白スペシャル 四十路妻の淫ら体験[17001 686円]

実行できたものだと、逆に感心してしまいました。

私がテントの設営に手を貸してやると、彼女は深く感謝してくれました。

もちろん私に下心があったわけではありません。ただ彼女にとっては、私はキャンプのベテランで頼りになる男性と映ってしまったようです。

「あの、よろしければこのまま二人でキャンプをしませんか？　ほんとうは私も一人で心細くって……」

そんなふうにお願いをされると、断りきれません。ソロキャンプのつもりが思わぬ流れで女性と合流し、私は内心でかなり喜んでいました。

それから私は、キャンプの楽しみ方を彼女に教えてやりました。

まずは協力して食事の用意をし、魚釣りや山歩きで日が暮れるまでの時間を過ごします。暗くなってくると私の道具でバーベキューと、これまで一人でやっていたことを彼女にも手伝ってもらいました。

おかげで初めてのキャンプを、彼女もすっかり楽しんでくれたようです。

夜は満天の星空を見上げながら、二人でロマンチックな空気に浸りました。まるで恋人同士で過ごしているような時間です。

「すごくきれい……こんなすてきな眺めを見てると、なんだかいやなことも忘れちゃいました」

そう言ってくれたので、私もすっかり満足して彼女の横顔を見ていました。

もし私がもう少し若ければ、このままそっと彼女の手を握っていたかもしれません。

しかしいまの私は六十歳を目前にした白髪のオジサンです。彼女とは年も離れすぎていますし、彼女からすれば私なんか父親か、下手したら祖父のような感覚でしか見ていないでしょう。

だからこそ彼女の信頼を裏切ってはならない。そう自分に言い聞かせ、よこしまな気持ちをグッとこらえました。

やがて夜更けを過ぎ、私たちは明日に備えて寝ることにしました。

「じゃあ、また明日。おやすみなさい……」

おやすみの挨拶をすると、私たちは互いのテントに別れました。

一人になっても私はモヤモヤした気分のまま、彼女の顔を思い浮かべていました。せっかくいい雰囲気だったのに、もったいないという気持ちがぬぐいきれませんでした。

するとしばらくして、外から私を呼びかける彼女の声がしたのです。

あわてて飛び起きた私は、テントを開けてどうしたのかと彼女に聞きました。

「あの……一人だとやっぱり少し怖くて。よければ隣で寝かせてもらえませんか？」

彼女のお願いに、さすがに驚きました。しかし女性が心細いと言うのであれば、放っておくのもかわいそうです。

私は彼女をテントに迎え入れ、すぐ隣に寝袋を並べました。狭いのでほとんど距離がなく、ぴったりと寄り添った形です。

「すみません、わがままばかり言って……」

「いや、気にしないでください。こっちもさびしくなくてちょうどよかったです」

とは言ったものの、まさかこんなに近くで寝ることになるとは、夢にも思いませんでした。

当然、眠気など吹き飛んでしまい、なかなか寝つけませんでした。

ランタンの薄明りに照らされた静かなテントで、どれくらい時間が過ぎたでしょうか。不意に彼女から、こう声をかけられました。

「あの……まだ起きてますか？」

私が「ええ」と返事をすると、思いがけないことが起きました。

起き上がった彼女が、寝袋を出て服を脱いでいる姿が目に入ってきたのです。

私は目をこらしたまま、黙ってそれを見つづけていました。それほど暑いわけでもないので、理由が見当たりません。

シャツを脱ぎ、ブラジャーを取って上半身裸になるのが見えました。すぐさま下にも手をやり、ショーツも脱いでしまったようです。

私はドキドキしながら、彼女が次に何をするのか息を呑んで待ちました。

「お願いします……今夜は私を抱いてください」

そうはっきり言われ、今度はすぐに返事ができませんでした。

無言でいる私に彼女はさらに大胆な行動に出ました。私の寝袋を開いて中へ乗り込んできたのです。

「ちょ、ちょっと待って！」

動揺する私に、彼女は有無を言わさず迫ってきます。

すぐ間近にやってきた彼女の裸は、ヌードモデルのような美しさでした。スタイルがよく、胸もおわん型のきれいな形をしています。

私はここ最近は妻の裸さえ見たことがなく、生身の女性にふれるのは久しぶりです。

それだけに彼女の美しい体を目の当たりにすると、体がカーッと熱くなりました。

「私はこんな年だし、ただのオジサンなんだよ。君みたいな若い人とは……」

そう言っている最中に彼女の顔が迫ってきて、唇を重ねられたのです。

やわらかな唇と胸の膨らみを押し当てられ、体ごと密着してきました。心臓のドキドキが自分でもわかるほど速くなり、もう身動きもとれません。

さらに彼女の舌が伸びてきて、唇ごと舐めはじめました。

「ンンッ……」

そんな色っぽい声と共に、とうとう私の口の中にまで入ってきました。

舌と舌が絡み合い、どんどんキスが激しくなります。ずっと私はされるがまま、彼女のリードに任せっぱなしです。

ようやく唇が離れると、彼女はじっと私を見つめたまま、股間に手を伸ばしてきました。

「こんなに元気じゃないですか……」

なんだかんだ言っておきながら、股間はしっかり勃起していたのです。それを彼女の手でまさぐられ、思わず腰を引いてしまいそうになりました。

「いや、これは自然にそうなるんだよ。君が勝手にさわるから……」

「だったらいいじゃないですか……ここには、だれもいないんですよ」

彼女は私の本心をとっくに見抜いていたのでしょう。いくら口では止めさせようが、手を払いのけることもできませんでした。

モゾモゾと動く彼女の手は、次第に私の下着の中へ忍び込んできました。

「ううっ……」

やや冷たい手にペニスを握られ、私は思わず声を出しました。

「すごい……とっても硬い。もっとさわってもいいですか？」

彼女は感心したように言いながら、股間に顔を近づけてきたのです。

私には彼女が何をしようとしているのか、はっきりわかりました。ペニスをつまみ出すと、いやらしく舌をのぞかせて唇を開いているのです。

「わかったから、それ以上はよしなさい」

そう言った直後に、彼女のぬめった唇がペニスを呑み込みました。

わずかに残っていた理性も、この一撃で吹き飛んでしまいました。それほど気持ちがよく、体の力が抜けてしまいそうでした。

すぐさま彼女の舌がペニスに絡みついてきます。ペロペロと亀頭を裏側から舐め上げ、上へ下へと這い回りました。

ゾクゾクするような快感に見舞われた私は、寝袋の内側で背筋を伸ばしながら、彼女の口の動きに翻弄《ほんろう》されていました。

妻にしてもらうフェラチオとは比べ物にならないほど巧みで、たっぷりと私をねぶり上げてくれるのです。

「ああ……ううっ」

股間で彼女の顔が激しく揺れはじめると、ますます快感に逆らえなくなりました。このままだと彼女の口の中で果ててしまうかもしれません。まさかそんなみっともないまねを、彼女よりもはるかに年上の私ができるはずがないと、必死になって気を引き締めました。

それでもなお、彼女は手を休めることなくペニスを吸い上げてきます。口の動きに加えて、頬をすぼめるほどの強い吸引まで使ってきました。

「ああ、待ってくれ！　それ以上されると……」

我慢できなくなった私が情けなく声を出すと、ようやく彼女もペニスから口を離してくれました。

にっこりと微笑んだ彼女は、うれしそうに私を見上げてきます。その唇には唾液が濡れ光っていました。

「どうでしたか？　気持ちよかったですか？」

「あ……ああ、すごくよかったよ」

それ以外には言葉が出てきません。まだ下半身には快感が残っていて、すぐにでも彼女を抱きたい気分でした。

しかしそれを言ってしまうのは、プライドが邪魔をしてできませんでした。仮にも私はいい大人で、少なくとも自分から迫ることはできなかったのです。

そんな私に彼女は自ら腰をこすりつけ、色っぽくささやいてきました。

「いいんですよ、我慢しなくても。私だってちゃんとわかってますから。いまは何もかも忘れて、お互い気持ちよくなることだけ考えましょう」

そう言うと、わざわざ私を気づかってくれるのです。

そこまで言われ、私もやせ我慢するのをやめました。逆に抱いてやるのも、彼女にとっての慰《なぐさ》めになると思うことにしたのです。

私が彼女の腰をなではじめると、今度は彼女が私に身をまかせるようになりました。スベスベした肌ざわりは、さすが若い女性の体です。腰から下に手をやるとお尻の感触があり、こっちはだいぶ引き締まって張りがあります。

そうしてあちこち体をなでながら、私は彼女の肌に顔を埋《うず》めていました。

密着した体からは濃厚な汗の匂いが漂ってきます。昼間はたっぷり汗をかき、着替えるだけでシャワーを浴びていないので仕方ありません。

それを気にしていたのか、彼女は恥ずかしそうに私に言いました。

「すいません、汗臭くて。さっきちゃんと体をふいてきたんですけど」

申し訳なさそうにしていますが、むしろ私は彼女の匂いに興奮していました。

首筋から舌を這わせていき、胸へたどり着きました。プリプリと弾むような手ざわりと、温かく顔を包み込むやわらかさに、こたえられない気分でした。

私が胸の膨らみにむしゃぶりついていると、彼女の「んんっ……」と鼻にかかった声が聞こえてきます。

口に含んだ乳首まで、みるみるうちに硬くなってきました。反応を見ると、かなり敏感なのはまちがいありません。

それにしても彼女の体は見事でした。間近で見ると肌の美しさがよくわかります。たるんだ部分もなく程よく肉づきのいいスタイルで、私のような中年がこんな体を自由にできるなんて夢のようでした。

「あんっ……！」

さっきまでお尻をなでていた手で股間をさわると、彼女の声が大きくなりました。

まだ軽く手のひらでなでただけです。それほど大胆な手の動きをしたわけではありません。

おやっと思ったのは、あるはずのヘアの感触がまったくなかったことです。

「これは……」

「あっ……そこ剃《そ》ってきちゃったんです。別れた彼氏がそういうの好きだったから」

私が不思議そうにしていると、彼女はそう打ち明けてくれました。

なるほど、彼氏の趣味だったとは。わざわざ剃毛《ていもう》までするくらいだから、彼女自身もそれだけ彼氏に染まっていたのでしょう。

さらに指を割れ目の内側に這わせると、ますます彼女は喘ぎだし、腰をもじつかせはじめました。

「んっ、ああ……そこ、すごく感じやすいんです」

私がさわっているのは、クリトリスとその一帯でした。小さな突起を軽く指先で摘《つま》んでいるだけで、濡れてくるのがわかりました。

ヌルヌルした穴にも指をもぐり込ませてみます。入り口から奥はすでにたっぷりうるおっていて、かなり熱くなっていました。まるでそこだけが別の生き物のように、指を締めつけてきます。

指の出し入れを繰り返し、彼女をよがらせていると、私まで鼻息を荒くするほど興奮していました。

なにしろ、さっきフェラチオをしてもらったときにお預けを食らったままです。彼女も指だけでは我慢できなくなっているのはまちがいありません。

「ああ、もうダメです。早く……ください」

私はその言葉を待っていました。指を引き抜くと、そのまま彼女の体を寝袋の外へ押し出し、膝を抱え上げました。

大きく足を開かせた彼女の股間は、毛が一本もなくぱっくり広がっています。その奥の濡れた穴にペニスを近づけ、一気に押し込みました。

亀頭がぬるっと入り口をくぐると、すぐさま強烈な締めつけが襲ってきました。

「ううっ……」

股間から襲ってくる刺激で、頭まで溶けてしまいそうでした。これほどの締まりと熱さは経験したことがありません。

彼女は私の下で目を閉じたまま、うっとりとした表情をしています。

「すごい、いっぱい奥まで入ってる……」

搾り出すような声で、そう私に訴えてきました。

私たちは体を密着させたまま、手を重ね合っていました。互いに指を絡めながら、腰だけをグイグイと押し合っています。

「たまらない。こんなに気持ちいいのは初めてだよ」

私がそう言うと、彼女もそれにこたえるように私の頭を抱き寄せ、キスをせがんできました。

「ンンッ、あんっ、あっ……」

キスの最中に腰を動かすと、今度は甘ったるい声で喘ぎはじめます。

こんなにもかわいらしくて最高の体の持ち主なのに、浮気をされてしまうのが不思議でなりません。

もっともそのおかげで、私はこうして彼女を抱けるわけです。運がよかったとしか言いようがありません。

「ああ……今日はなんだかいつもより興奮して、いっぱいメチャクチャにされたい気分なんです」

まるで私にそうしてほしいと言わんばかりに、彼女は切なげな顔で訴えてきます。ならばと私も久しぶりに張り切ってみることにしました。これまでは優しく抱いてきましたが、腰に力を入れて奥まで突き上げます。

「ひっ、あんっ！　すごいっ！」

強くペニスを送り込むと、明らかに反応が違います。やはりこうした激しいセックスが彼女は好みのようでした。

ただこちらは六十代が間近ですから、あまり無理はできません。力任せにするのではなく、緩急をつけて腰を動かします。

そうすると彼女はますます乱れ、必死になって私の腰にしがみついてきました。

「いやっ、もっと……ああんっ！」

私がいったんペースをゆるめてじらしてやると、彼女は自ら腰を揺すってせがみはじめました。

それを見て私はにんまりとしました。体力では若い者には負けるでしょうが、こういうところは年の功です。ただガツガツと責めるばかりではありません。

「ほら、こうするとどうかな？」

「あっ、そこ……すごくいいですっ！」

強く突くたびに彼女は大声で喘ぎ、膣内の締めつけも変化します。感じているときほど、ギュッと締まりがよくなるのです。

私はそれを味わいながら、どうやってフィニッシュするか考えていました。

もちろん、このまま膣内に射精するわけにはいきません。単純に外に出すにしても、出す場所によっては彼女がいやがりそうです。

そう思っていると、彼女から意外なことを言われました。

「あの、最後は私の口に出してください」

私はとっさに「いいのかい？」と彼女に尋ねました。

「はい、彼としているときはいつもそうしてましたから。ちゃんと最後まで飲み込んでみせます」

まさかそこまでサービスをしてくれるとは、思いもよりませんでした。私の妻でさえ、口内発射はいやがってしてくれません。

すぐさま私は腰の動きを速め、射精へ急ぎはじめました。

「ああっ！　あんっ、私、おかしくなりそうっ！」

「そろそろイクよ。いいね？」

「出してっ！　いっぱい出してっ！」

彼女がそう返事をしたとたんに、私はペニスを引き抜いて顔に近づけました。

すると彼女は自らペニスにしゃぶりつき、強烈に吸いはじめます。

すさまじい快感が襲ってきました。私は今度こそ我慢することなく、たっぷりと口の中へ射精してやりました。

射精が終わっても、彼女はねちっこく舌を使い、最後の一滴まで搾り取ってくれました。

スッキリした私に、彼女も笑顔を見せて言いました。

「ありがとうございます。これでやっと吹っ切れました……」

どうやら彼氏への未練も、私とのセックスで消えてしまったようでした。

その後、キャンプ場で一夜を過ごした私たちは、翌朝にはあっさりした形で別れました。連絡先を交換することもなく、一度限りの関係と割り切ったのです。

あれから彼女はどうしているか、いまでもときどき気になっています。

ですがあまり心配はしていません。あれほど積極的でバイタリティのある女性です。きっとすぐに新しい彼氏を見つけて、すてきな恋愛とセックスをしていることでしょう。

スポーツクラブで出会った五十路妻のぬれぬれ熟成マ○コを責めまくり……

若宮啓治　無職・六十六歳

私は長年勤めてきた食品メーカーを去年退職し、隠居生活に入りました。

私には同い年の妻がおり、二人の息子はすでに結婚して独立しています。

妻はとても世話好きな性格で、取り立てて何の不満もなかったのですが、夫婦二人きりの生活はとても退屈でした。

そこで定年後に趣味として通いはじめたのが、車で十分ほどの場所にあるスポーツクラブでした。

片田舎に住んでいますので設備や駐車場が広く、汗を流すことがこんなに楽しいものだったのかといまさらながら実感しております。

同じ時間帯に通っていると、自然と顔馴染みが出来、何人かの男女と日常会話を交わすまでになりました。

その中に、夏澄《かすみ》さんという女性がいました。年齢は五十六歳、スレンダーで上品な顔つきをしており、密かなあこがれを抱いておりました。

いろいろと話をする中で、彼女は親の介護のために地元に戻っており、いまは旦那さんと別居婚状態だとか。ヘルパーが来たときだけ、日々のストレス解消のために週二回の割合でジムに通っているとのことでした。

夏澄さんの姿がないとさびしさを感じるようになり、出会ってから半年ほどが経ったころ、思いきって食事に誘ってみたんです。

彼女は快《こころよ》く承諾してくれ、あのときの私はまさに天にも昇るような気持ちでした。

ところがレストランで食事をし、会話も弾んでいる最中、思いがけない現実が待ち受けていました。

夏澄さんには三つ年上のお姉さんがおり、旦那さんが亡くなったことから実家に戻ってくることが決まったそうで、夏澄さんはちかぢか東京の自宅に戻るらしく、ジムも昨日づけで辞めたと聞かされました。

おそらく、それらの事情を踏まえたうえで誘いを受けてくれたのでしょう。

とにかくものすごいショックで、頭の中が真っ白になり、しばらくは言葉をなくしてしまいました。

最後の食事デートになるのですから、明るく振る舞わなければと無理をしていたと思います。それでも帰り際になると、堪《た》えられないほどのさびしさが募《つの》りました。思いあまった私は自分の気持ちを抑えられずに、駐車場に停めた車の中で告白したんです。

「いまだから言いますけど……初めて会ったときから……好きだったんです！」

「なんとなく、わかってはいましたけど……」

「やっぱり、わかりましたか？」

顔を真っ赤にして目を逸《そ》らすと、夏澄さんはしばし間を置き、小さな声で答えました。

「私も、すてきな人だなと思っていました」

「ホ、ホントですか？」

「こんなこと言っていいのかはわからないですけど、若宮《わかみや》さんて、初恋の人にそっくりなんです……」

中学のときのあこがれたクラスメートは明るくて思いやりがあり、いまだに心から離れない存在だということでした。

私にも初恋の人がおり、忘れられない思い出もありますが、少なからず好意を寄せられていたという事実に胸がときめきました。

「東京に戻るのは、来週の月曜でしたっけ？　今日が……最後になるんですね」

「若宮さんのことは……忘れません」

そっと目を伏せる夏澄さんの美しい横顔、艶《つや》やかな唇に私の男がピクリと反応しました。

彼女は人妻であり、東京に戻れば、旦那さんとの生活が待っているのです。もう二度と会えないのかと思うと、このまま別れたくないという欲求がむくむくと膨れ上がりました。

勇気を出し、助手席に座る夏澄さんの手に手のひらを重ねると、拒絶されることもなく沈黙の時間が流れました。

ひょっとしてイケるのではないかという期待に衝き動かされ、私は心臓をドキドキさせながら顔を近づけていったんです。

「あっ……」

彼女は一瞬、困惑の表情を浮かべたものの、顔をそむけることなくキスを受け入れてくれました。

あのときの私は、少年のように胸を弾ませていたと思います。

長い間忘れていた人に恋する気持ち、性のエネルギーが内から溢れ出し、眠っていた男が奮い立ちました。

プリッとした唇を一心不乱にむさぼり味わい、舌を口の中に侵入させました。

彼女も、それなりに昂奮していたと思います。頬が瞬《また》く間に赤く染まり、ふくよかな胸が緩やかに波打っていました。

私は舌をくねらせ、唾液をジュッジュッとすすり上げました。

やがてふたつの舌が重なり合うと、夏澄さんの体から力が抜け落ち、手を強く握り返してくれました。

「ン、ふっ」

片手で胸をもみしだくと、鼻から甘ったるい吐息をこぼし、舌を絡ませてきました。

胸だけでは我慢できなくなり、スカートをたくし上げたとたん、夏澄さんは唇をはずして目を伏せました。

「だめです……」

「はあはあ……あなたが欲しいです」

「でも、こんなところじゃ……」

首筋まで真っ赤にした美熟女の愛くるしい容貌は、いまでもはっきり覚えています。

「時間、まだ大丈夫ですか？」

彼女がコクリとうなずいた瞬間、大量の血液が海綿体に注ぎこまれました。

ペニスはズボンの下でみるみる体積を増し、久方ぶりの完全勃起に身が焦《こ》がれるほどでした。

私は正面を向き直るや、エンジンキーを回して車を発進させ、国道沿いにあるラブホテルに向かったんです。

妻や子どもらの顔は頭から吹き飛び、思考は性欲一色に染まっていました。

いまにして思えば、この歳でよくあんな恥ずかしい行動に移せたなと苦笑するばかりです。

ホテルの駐車場にハンドルを切ると、夏澄さんはハッとし、うつむきざま唇を噛みしめました。

「行きましょう……」

車を降り、部屋に向かうまでの時間がどれだけ長く感じたことか。

スポーツジムに通っていたのは、とても幸いだったと思います。すでに二人ともシャワーを浴び、汗を流していました。

室内に足を踏み入れると、私は夏澄さんを抱き寄せ、再び唇を奪いました。

「ンっ、ンふぅ」

今度は脱力したままの状態でしたが、やはりためらいがあるのか、積極的な対応は見せてくれませんでした。

だからといって、こちらの性欲が怯《ひる》むはずもありません。

ペニスはギンギンに反り勃《た》ち、牡の本能は怯むどころか、ますます燃え上がっていました。

実は、妻とはセックスレスの状態が続いていて、異性と肉体的な接触をするのは七、八年ぶりのことでした。

おそらく、千載一遇のチャンスを逃してなるものかという心理も働いていたのだと思います。なんにしても、私は車中の続きとばかりにスカートをたくし上げ、まろやかなヒップをなで回しました。

「ンっ、ふっ！」

胸を押し返され、唇をほどくと、彼女は目元を赤らめてつぶやきました。

「だ、だめです……」

「え？」

「やっぱり、こんなこと……奥様に悪いわ」

「あ、あなたのことが好きなんです。二度と会えないと思うと、どうしてもこのままお別れしたくないんです！」

妻のことがというより、夏澄さん自身は旦那さんへの罪悪感がぶり返したのかもしれません。

もちろん請け負えるわけもなく、私は必死の形相で口説きにかかりました。

そしてなかなか首を縦に振らない彼女にしびれを切らし、お姫様抱っこをしてベッドに連れていったんです。

「あ、そ、そんな……」

あわてる熟女を尻目に足で掛け布団をまくり上げ、シーツの上に寝かせたと同時におおい被さりました。

「あ、やんっ」

「か、夏澄さん……好き、好きです！」

キスの雨を浴びせ、スカートをまくり上げ、もっちりした腰からすべすべした太腿を手のひらで何度もなぞり上げました。

「だめっ、だめです！」

夏澄さんは盛んに拒絶の言葉を放っていましたが、股間の膨らみを下腹に押し当てると、徐々に声が小さくなり、徐々に熱い吐息がこぼれはじめました。

いつの間にか足を絡め、体温もぐんぐん上昇していったんです。私も我慢できなくなり、股のつけ根に手を伸ばすと、心の中で「あっ」という悲鳴をあげました。

なんと、ショーツの中心部がぐしょ濡れの状態だったんです。控えめな反応からはとても想像できない感度のよさに、昂奮度がうなぎのぼりに上昇しました。

さっそく指先をくるくる回転させて刺激を与えたのですが、熟女は口を結び、顔をそむけたままでした。もしかすると恥ずかしかっただけなのかもしれませんが、快楽に耐え忍ぶ容貌が男心をさらにあおりました。

布地にうっすら突き出たとがりを集中的に責め立てていると、腰がくねりはじめ、シーツに爪を立てました。

ここが勝負所と、私はショーツのすそから指を侵入させ、厚みを増した肉の帯を無我夢中でこすり立てました。

「あ、あぁ……いやっ」

くちゅくちゅと卑猥な音が聞こえてくるたびに彼女は悶絶《もんぜつ》し、この「いやっ」という言葉をやたらに連発するんです。

聴覚からも性的な刺激を受けていると判断した私は、指を跳ね躍らせ、わざと派手な音を立てて性感をあおりました。そして耳たぶから首筋に唇を這わせつつ、ショーツをまくりおろしていったんです。

布地を足首から抜き取ると、私は体を下方に移動させ、股の間に狙いを定めました。

「あっ、だめです！」

夏澄さんはあわてて両足に力を込めたのですが、ひと足先に股間に顔を埋《うず》めた私は鋭い視線を女の園に向けました。

艶やかな陰唇が外側にめくれ、ジュクジュクした内粘膜がいまにも飛び出さんばかりに盛り上がっていました。

女の人って、やはり死ぬまで女なんだと思いました。

ピンと突き出た半透明の肉粒はもちろん、しわやゆがみのない美しい女陰には感動すら覚えるほどでした。

ふしだらな匂いがふわんとただよい、ペニスがひと際反り返ったのですが、むさぼりつきたい衝動を必死に抑えこみ、まずは内腿から舌を這わせていきました。

夏澄さんとの情交は、この日が最初にして最後になるかもしれない。すぐに味わってしまったのではもったないという気持ちが働き、鼠蹊部《そけいぶ》から大陰唇を舌でチロチロと掃《は》きなぶりました。

「はっ、ふっ、ンっ」

肝心な箇所を飛び越え、逆側の内腿から舌を這わせ、その手順を何度も繰り返すと、やがて彼女の様子に変化が現れました。

股のつけ根の薄い皮膚がピクピクと痙攣しはじめ、胸の起伏もより大きくなっていったんです。

熱い息を吹きかけただけでも恥骨がぶるっと震え、さらなる快感を求めているのは伝わりました。

「いやあぁっ！」

同じ「いや」でも、声音が甘くなり、肌も手のひらに吸いついてくるほどしっとり汗ばんでいたんです。

ペニスは勃起を維持したまま、萎《な》える気配は少しもありませんでした。

膣口から透明なしずくがゆるゆると滴《した》るころ、私は目をぎらつかせて女肉の花にかぶりつきました。

「い、ひっ……やぁあぁぁっ！」

夏澄さんは奇妙なうめき声をあげたあと、顔を左右に打ち振りました。

私はクリトリスを陰唇ごと口の中に招き入れ、頬をすぼめて猛烈な勢いで吸い立てたんです。彼女はヒップをシーツから浮かし、まさに悶絶という表現がぴったりの乱れっぷりを見せつけてくれました。

「やっ、だめ、だめっ！」

ねばっこい愛液が次々と溢れ、口の周りがあっという間にベタベタになりました。

それでも執拗《しつよう》なクンニリングスを繰り返し、上目づかいに様子を探って美熟女の乱れ姿を目に焼きつけたんです。

クンニリングスの最中にスラックスと下着を脱ぎ捨て、下腹部を剥き出しにした直後、夏澄さんはシーツを手で引き絞りました。

「あ、あ、あ……」

口の愛撫だけで絶頂を迎えるかもしれない。そう考えた私はクリトリスを甘噛みし、上顎と舌の間に挟んでクリクリとこね回しました。

「ンっ！」

ベッドから浮き上がったヒップがピタリと止まり、続いてガクガクと大きくわななきました。

アクメに達したと判断して顔を離すと、夏澄さんは狂おしげな顔からうっとりした表情に変わっていきました。

「はあ、はあっ」

荒々しい息を吐き、シャツを脱ぎ捨てて全裸になると、今度は彼女の服を脱がせていきました。

ブラウスのボタンをはずし、スカートのファスナーをおろしたところで彼女は目をうっすら開け、なんとも色っぽい眼差しを向けました。

「若宮さんばっかり……ずるいわ」

「え?」

最後は声が小さくてよく聞き取れなかったのですが、おそらくそう言っていたのではないかと思います。

夏澄さんは身を起こすと、自らブラウスとブラジャーを脱ぎ捨て、攻守交代とばかりに私を押し倒しました。

「あっ!?」

呆然《ぼうぜん》としたのも束の間、彼女はいきり勃つペニスをぱっくり咥えこみ、凄まじい勢いで首を打ち振ってきたんです。

「あ、おおっ!」

上品そうな顔立ちからはとても想像できない振る舞いに、私はとまどうとともに、この世のものとは思えない愉悦に浸りました。

「ンっ！　ンっ！　ンっ！」

じゅっぱじゅっぱと、けたたましい水音が響き渡り、ペニスに強烈な快感が走りました。

夏澄さんはさらに首を回転させ、きりもみ状の刺激まで吹きこんできたんです。

「うおぉっ！」

両足を突っ張らせたところで彼女はスカートを脱ぎ捨て、唾液まみれの男の分身を口からチュポンと抜き取りました。

「はあふう……もう入れちゃうから」

目尻を下げ、湿った吐息をこぼす彼女の顔を生涯忘れることはないと思います。

夏澄さんは腰を跨《また》ぎ、下腹に張りついたペニスを垂直に起こしました。

先端がぬるっとした感触に包まれた瞬間、ヒップが沈みこみ、生温かい粘膜が胴体をおおい尽くしていきました。

「くおっ」

あまりの快感に口元を引きつらせた直後、彼女は早くもヒップをスライドさせ、こなれた膣肉で勃起をこれでもかと引き転がしてきたんです。

「はっ、はっ、やっ、気持ちいい」

ピストンはみるみるピッチを上げ、まるでトランポリンをしているかのように身を弾ませました。

バチンバチーンと、ヒップが太腿を打ち鳴らす音が室内に反響し、腰骨が折れるのではないかと思うほどのスライドに、私は目を白黒させました。

あとで話を聞くと、ストレスが溜まっていたからと言いわけをつくろっていましたが、情熱的なセックスには、しばし愕然とするばかりでした。

ペニスの芯がジンジンと疼きはじめるころ、私も負けじと腰を突き上げ、顔面を汗まみれにしながら快楽をむさぼりました。

「ぬおおっ！」

「ああ、いいっ！　すごいっ、すごいっ！」

ヒップがぐりんぐりんと回転した瞬間、青白い稲妻が脳天を貫き、私は思いの丈を彼女の中にたっぷり放出してしまったんです。

久方ぶりのセックスは、私に性の悦びを思い出させてくれました。

同時に、夏澄さんにのめりこみそうな不安に駆られてしまったんです。

最後まで迷いに迷ったのですが、連絡先はあえて聞かずにお別れしました。

そのときはそれでよかった、いい思い出になったと考えたのですが、いまだに夏澄さんの残像が頭から離れずに困っている私です。

性欲が衰えないドエロおじさん社長 娘のような保険レディーに子宮発射！

山科俊之　会社経営・六十五歳

ささやかな規模ですが、私は会社をいくつか経営しています。

幸い業績は好調で、県外に新しく営業所を一つ増やすことになりました。

するとどこから聞きつけたのか、保険会社の営業がしきりにやってきます。

小さな営業所とはいえ、社員やパートさん十数人分の労災保険や健康保険の一括契約ですから、このご時世、地元の保険会社にとってはヨダレが出るような案件なんでしょう。

中でも、Aという会社から来ている女性の営業は特に熱心でした。

彼女の名前は伊藤佑美《いとうゆみ》ちゃんといいます。年は二十九と聞きましたが、そろそろ七十になる私から見れば小娘みたいなものです。

まだ若いのに保険外交員としてはかなりの凄腕という噂で、なるほど口は達者だしよく気の回る女性でした。

いやそれよりなにより、たいへんな美人です。スタイルもそこらのグラビアアイドル顔負けで、本人もそれをよくわかっているのかいないのか、スーツの下の豊かな乳房をユサユサと揺らしながら歩く様には、私も歳を忘れて思わず目を奪われたものです。

正直あと十年若ければ、口説き落としてあの体にふるいついてやるのに……などと、頭の隅で悶々《もんもん》と考えておりました。

もっとも、若いころにはそれなりに遊んだ私も寄る年波には勝てず、このところは臍下三寸のナニも、小便の道具にしか使われない体《てい》たらくです。

いまの私は、彼女が営業回りにやってきたときに、セクハラじみた冗談を言ってからかうのがせいぜいでした。

そんなある夜、私は一人社長室にこもって残業をしていました。すでに社員はほとんど帰宅していましたが、そのとき私は、どうしても部下に判断を任せられない少々厄介な案件を抱えていたのです。

ひとまずその仕事にも目処《めど》がついたので、私が椅子から立ち上がりかけたときでした。ノックの音がして、佑美ちゃんが顔をのぞかせました。

「お疲れ様です、社長。通りがかったら灯りがついてたので、差し入れでもと思いまして」

うちは家族的な小さな会社ですから、面倒なセキュリティもありません。そこらの社員にちょっと声をかければ、だれでも社長室に入れるのです。

疲れて、多少くさくさしていましたから、若い美女の訪問はよけいにうれしいものです。

「ああ、佑美ちゃんこそ、こんな遅くまで外回りかい？　たいへんだね。まあ、入んなさい」

ちょうど欲しいと思っていた温かいコーヒーと甘いお菓子の差し入れに、私はすっかり上機嫌になりました。

二人で応接ソファに移り、少し世間話をしましたが、私はすぐに、佑美ちゃんの様子がいつもと違うのに気づきました。

いつもは快活そのものの彼女が、何か思いつめた様子です。「どうかしたのか？」と尋ねると、彼女は意を決したように語りだしました。

「実は……今期はどうしてもノルマを消化できなくて……このままだとまずいんです。契約切られちゃうかも。それで、なんとか社長のお力添えが欲しくって……」

「ああ、うちとの保険契約の件かい。うーん、困ったなあ……」

どうせそんなことだろうと思いました。実を言えばどこと契約してもよかったんですが、私はちょっとからかってやろうと、わざと渋るフリをしてみせました。

すると驚いたことに、彼女は自分からブラウスのボタンをはずしはじめたのです。

黒い大きなブラジャーから溢れんばかりの胸の谷間が、私の前に露《あらわ》になりました。

私は、たわわな佑美ちゃんの乳房に目を奪われました。最近の若い娘の発育のよさには驚くばかりです。

彼女は羞じらいながらも、小さな声で言いました。

「わたし、ふだんはしないんです、こんなこと……でも今月はほんとにピンチで……頼れるのは社長しかいなくて。もし助けていただけるなら、お礼になんでも……」

いわゆる枕営業というやつです。最近はめっきりなくなりましたが、こんなじじいに縋《すが》ろうというのですから、よほど切羽詰っているのでしょう。

佑美ちゃんのような美女にこんなふうに迫られて、指もふれずに帰すほど私も野暮ではありません。股間のセガレが役に立つかは置いておいて、孫のような歳の美女の体を好きにできるチャンスなど、なかなかあるものじゃありません。

私は遠慮なく、据え膳をいただくことにしました。

「そうだねえ……サービス次第で、なんとかできるかもしれんよ。とりあえずこっちに来て、見せてもらおうかな、佑美ちゃんの気持ちというやつを」

彼女は少しためらうような表情を見せました。

「え、ここで、するんですか？　あの、せめてホテルとか……」

「そんなのは面倒だ。だいじょうぶ、だれも入ってきやせんから」

私がせかすと、佑美ちゃんは「わかりました」と観念したように立ち上がり、そろそろと私の膝の上に座ってきました。

「し、失礼、しますね……」

佑美ちゃんは私の首に腕を回すと、いきなり濃厚なキスをしてきました。私なんぞの若い時分には、春をひさぐ女も唇だけは許さないなんてことが多かったものですが、彼女のサービスは、そんな商売女よりはるかに熱烈でした。

若い美しい女の唇をむさぼるなぞ、私の歳ではある意味おま○こをいただくより貴重な性技です。私が舌を出すと、佑美ちゃんは迷うことなく自分の舌を絡ませてきます。

「ふぅんっ……んんっ」

甘えた鼻息を洩らしながら、彼女は溢れる唾液を私の口の中に流し込んでくれます。それだけで、私は青年時代の精気が戻ってくるような心地です。

こんなじじいと唇を合わせるなぞ、彼女のような若い娘にしてみればさぞ気持ち悪いことでしょう。まして彼女ほどの美人なら、恋人くらい当然いるだろうに。

そう考えると、私はなにやら異様な嗜虐心《しぎゃくしん》を刺激され、ますます興奮してきます。

私は佑美ちゃんの唇をねぶり回しながらブラジャーに手をかけ、片手に収まりきらない巨大な乳房を剝き出しにしてやりました。

メロンのような豊かなおっぱいは、ぎゅうっとつかむと指から逃れていくほど張りがよく、これもまた若い女ならではの感触です。

指先で乳首をいたずらしてやると、すぐにそこはコリッと硬くなって、気持ちいいのか「あん、いやん」と全身をビクビクさせて反応してくれます。

私はようやく彼女から唇を離し、あらためてその爆乳へ目をやりました。

真っ白な肌の上に、薄桃色のやや大きめの乳輪と、不釣り合いな小さな乳頭がツンととがっています。

私はまるで子どものように、両手でつかんだり、持ち上げたり、二つの乳房をもてあそびました。乳頭はますます硬く、赤みを帯びてきます。

さわられて、佑美ちゃんも発情しているのでしょうか、私の膝の上に跨《またが》った体はどんどん熱くなっていました。

「ああ……社長、おっぱいきゅんきゅんしてます。乳首……しゃぶってください」

そう言うと彼女は、自分で乳房をつかんで、乳首を私の口に押しつけてくるのです。私が硬くなった乳首を口に含み、舌先でその甘味を味わってやると、身を小刻みにふるわせ、歓びの声をあげました。

「はああん、社長の舐め方、とってもえっちです……ゾクゾクしちゃう」

「どうかね？　こうされるのが感じるのかな？　んん？」

私はなおもいやらしく、ねっとりと舌をうごめかします。巨乳は感度が悪いなどと聞きますが、佑美ちゃんはいたって敏感で、乳首を責められるほどに首を左右に振り、唇をわなわなふるわせて淫乱な声を洩らすのです。

「はい……あうう……感じます。社長のペロペロ、気持ちいいです」

ひとしきりよがらせてやったところで、私は彼女を膝からおろし、目の前のテーブルに座らせました。

「さあ、脚を開いてごらん。もっと気持ちいいところをいじってあげるから。佑美ちゃんだって、そろそろ責めてほしくてムズムズしとるだろ？」

彼女はしばらく「こんな明るいところでですか……？　恥ずかしい……」とモジモジしていましたが、私が太ももをなで回しながら催促すると、観念したのか、ゆっくくりとタイトスカートをずり上げ、テーブルの上でM字開脚の姿勢になっていきます。ついさっきまできっちりとスーツを着ていたビジネスウーマンが、いまや応接テーブルの上ではしたなく大股を広げているのです。

黒いパンストの向こうに、さらに黒いパンティが透けていました。それはもう欲情にじっとりと股間が湿り、いまにも湯気が立ちそうなほど蒸れています。ほんのりと香る品のいい香水の匂いに、隠しきれないメスのいやらしい体臭が混ざって、私の枯れかけた性本能をも激しく刺激してくれます。

「うーむ、なんともいえんな、若い娘の蒸れた股ぐらの匂い」

私は佑美ちゃんの股間に顔を突っ込み、思うさまその香気を吸い込みます。

「ああーん、だめです社長。そんなところクンクンしないでください」

彼女は羞恥に身悶《みもだ》えますが、私はやめません。パンストの上からますます激しく匂いを堪能《たんのう》し、舌で味わい、にじみ出るジュースを唇で吸い立ててやります。

「おお、どんどんスケべな汁が溢れてくるよ。ああ、ニオイもすごいね。こんなに下着にシミをつくって、佑美ちゃんはほんとうに淫乱だね」

「ひああんっ、許してぇっ！」

昂《たかぶ》ってきた私は、パンストの生地をつかむと、ビリビリと力任せにそれを引き裂くます。佑美ちゃんもこういう荒々しい責められ方は嫌いではないようで、「やあぁっ！」と悲鳴のような声をあげこそすれ、逃げも抵抗もせず、むしろますます大きく股を広げ、息をはずませるのです。

いよいよ、いちばん大事な場所をご開帳です。

まずはパンティの上からそっと指でなぞってやると、彼女はじれったいのか「あう、ううんっ」と腰をくねらせて、もっと激しい責めを求めてきます。

「おお、佑美ちゃんは感じやすいんだね。パンティがどんどんべちょべちょになってくよ。お？　ここにちっちゃいポッチがいるね。勃起してるのがパンティの上からでもはっきりわかるじゃないか。ほら、ここだろう？　ここをいじられるの、佑美ちゃん好きだろう？」

我ながらねっちりとささやきながら、私は湿ったパンティの中心部にほんのり浮き出たクリトリスを、指の腹でこちょこちょしてやります。

「くううんっ！　んんーっ！」

佑美ちゃんはぎゅっと目を閉じ、唇を引き結んで、いまにもイキそうになるのを懸命にこらえているようでした。

「おおっと、まだイッちゃダメだよ。せっかくだから、佑美ちゃんのかわいいおま◯

こをじっくり見せてもらおうかな？」

私は彼女の黒いパンティのクロッチをつまみ、そろそろと横にずらしていきます。

「ああ社長……だめです、こんな明るいところで……やだ、そこは、そんなにじっくり見ないでください。は、恥ずかしすぎます……っ」

羞恥に耐えられないという風情で、イヤイヤと首を振りますが、もちろん私はやめません。

ついに露出した彼女の性器は、若々しい薄桃色にテラテラと輝いていました。

陰毛は栗色で、生え方もごく控えめ。小作りな割れ目はビラのはみ出しのないきれいな形をしていて、そのすき間からはみずみずしい透明な果汁がとめどもなく溢れつづけています。

清楚な唇に対して、真珠のようなクリトリスは平均以上の大きさで、すでに包皮から剝き出しになり突起しています。

私は指で、佑美ちゃんの愛らしい割れ目をぱっくりと広げてやります。

みっちりと肉の詰まった膣道が、早く埋めてもらいたいというようにヒクヒクうごめいているのがはっきり見えます。

とば口のあたりを指先でそっとなでてやると、粘度の濃い興奮汁が、ねとーっと長い糸を引きました。

「うーん、こりゃあおいしそうな、新鮮なおま○こだ。遠慮なく味見させてもらうよ、佑美ちゃん！」

まずは舌先で、うるうるとにじみ出ている愛液のしずくをぺろりとやってみます。まさしく、甘露とはこのことでしょう。

心地よい塩気の中にほのかに甘い若い娘ならでは味。搾り立ての果汁のような滋味が口いっぱいに広がり、精気が私の体内に満ちみちるような気がします。

「おお、おいしいよ佑美ちゃん。おいしいおま○こジュースだよ！」

私は濡れまくった性器に口を押しつけ、舌を中へと差し入れて、流れ出る愛液をべろべろ、ちゅうちゅうと舐めすすりました。

「あうーっ、しゃ、社長っ、き、気持ちいいですぅ！　もっと、もっとしてっ！」

彼女もクンニされるのが大好きなようでした。もはや相手が自分の祖父と同じ年齢の老人であることも忘れたように悶え狂い、ついには私の頭を抱えて、自分の陰部に押しつけさえするのです。

ねぶればねぶるほどその割れ目からはじゅくじゅくと澄んだメス汁が溢れ、陰唇はヒワイにぷっくり赤く充血してきます。

私は指で、その唇をそっとなでてみました。すでに膣口は自然に開いて、無言で挿入を求めているようです。

ゆっくりと、私は中指を佑美ちゃんの内側へと忍ばせていきました。

もう手のつけられないほど、うるおいきった彼女のおま○こでしたが、それでもその道筋はみっちりと狭く、私のさして太くもない指を入れるのにも抵抗を示します。まるで処女です。

「あくぅんっ、しゃ、社長の指、入ってきてるぅ。ああん、いいーんっ」

クンニとは違う快感に、彼女は長い脚をピンと突っ張らせ、首をのけぞらせます。

ぬるりと指を奥まで差し入れると、私は指を鉤型《かぎがた》に曲げ、多くの女が持っている性感のツボを探ります。

それはすぐに見つかりました。膣奥の天井にあるポツポツした感触のスポットです。指の腹でそこをなでさすってやると、佑美ちゃんはびっくりしたように腰を激しく弾ませました。

「ひゃんっ！　あーっ、なんですかこれっ！　こ、こんなとこ責められるの初めてっ！　あっ、あっ、ああーっ、すっごい気持ちいいですっ！　いやーっ、だめぇーっ、おま○こ、ヘンになっちゃいますぅっ！」

「ふふふ、いいだろう？　ああ、佑美ちゃんは特別ここが弱いみたいだね。ほおら、もっとよくなっていいんだよ」

私は巧みに指を出し入れさせつつ、佑美ちゃんがいままで知らなかった弱点をなぶってやります。彼女は我を忘れてのたうち回り、激しく叫びました。

「いやいやっ、やめてくださいっ。こ、こんなの、おかしくなっちゃうっ！　わたし、どうかなっちゃいますっ！　あ、あ、ああーっ！」

糸をひくような悲痛な声をあげたかと思うと、彼女は突然腰をふるわせ、おま○こからピュピュッと透明な液を噴出します。

これはまた貴重な、美女のイキ汁です。私は一滴も逃すまいと舌を出し、それを口の中に受け止めました。

とろみを帯びた愛液とはまた一味違う、爽やかなワインのようなのど越しです。私は舌舐めずりして、それを飲み干しました。

若い時分のように、たちまち勃起したナニをぶち込んでやるわけにはいきませんが、こうしてセガレを使わない手練手管で女を喜ばせてやるのも、また楽しいものです。

何かのまちがいでしょうか。いつもならなんの反応もしない我が息子が、なにやら熱くなっているような気がしました。

私はおそるおそる、ズボンの上から自分の局部にふれてみました。

驚いたことに、そこはじんわりと大きくなっていました。

半信半疑でズボンを脱ぐと、我がナニは完全とまではいきませんが、むくりと四分勃《だ》ち程度に力を帯びているではありませんか。

もう二度と男性の機能を果たさないと思っていたモノが、半分ほどとはいえ確かによみがえったのです。それはもう、一瞬声を失うほどの感動でした。

私のペニスを見た佑美ちゃんは、テーブルから降りて、私の足元に膝をつきました。

「んふ……いっぱいイカされちゃいました。今度は私から、ご奉仕させていただきますね。んっ……社長、おち○ちんもご立派なんですね」

彼女はうやうやしく私のそれを両手で捧げ持ち、美しい唇でちゅっ、ちゅっとキスしはじめました。

次いで唾液でたっぷり濡れた分厚い舌を出して、だらりと垂れた玉袋からじっくりとねぶってくれるのです。

その温かい舌が、私の敏感な恥部をじわじわとくすぐる快感たるや。思わず「ふぅー」と吐息を洩らしてしまいます。

やがて彼女は、ピンク色のきれいな唇で私の亀頭をゆっくりと咥えこんでくれます。

佑美ちゃんは熱いヨダレでいっぱいの口内に私のそれを含み、くちゅくちゅと舌を動かして愛撫してくれました。

「気持ちいいですか?」と言い、しゃぶりながら優しい目つきでじっとこちらを見上げる、彼女の表情のかわいらしさも加わって、これもまた忘れかけていた快感が荒波のようによみがえってきます。

「あんっ!」

驚いたように、彼女は口から私のナニを出しました。

唾液でテカテカになった私の息子は、いつしか青年のように雄々しく硬くそそり立っていました。

おそらく佑美ちゃんは、私のような老人は結局だらしなく勃起しないまま、思いを果たせず行為を終えると思っていたのでしょう。ほかでもない、私自身もそう考えていたのですから。

「うれしいよ。佑美ちゃんのおかげで、こんなにビンビンになったよ。お礼にこいつで、たっぷりかわいがってあげようね」

隆起した自分のそれを手でしごきながら、私は迫ります。

まさか本番にまで及ぶとは思ってなかった彼女は、ちょっと狼狽《ろうばい》した様子でした。

「ああん、社長、ほ、ほんとにしちゃうんですか？」

「もちろんだよ。佑美ちゃんだって、欲しいんだろ？　ここに」

私が彼女の股間に手を伸ばすと、言うまでもなくそこもいまだに熱を持ち、淫らな汁をだらだらと滴《したた》らせています。

「そ、それは……したい……ですけどぉ……でも、生は、あの……」

煮え切らない彼女を床の上にゆっくりと押し倒し、私はひさしぶりに熱くみなぎったイチモツを陰部へと押し当てました。

「入れるよ佑美ちゃん。いいね……」

彼女もまた、止められないほど発情していました。目を伏せたまま、こくりとうなずきます。

ぐいと腰を入れると、私のそれはズブリと彼女のほてったおま○こに没入していきます。

もう二度と味わうことはないと思っていた、若い女の肉体を貫く悦楽に、私は思わず叫び出しそうでした。

そして喜びにわなないていたのは、彼女も同様でした。

「ああーんっ、社長の入ってきました！　中でごりごりしてる！　ああ、すごい！」

佑美ちゃんは自分の指を噛み、もう一方の手で自分の巨乳をもみしだいて、全身で快感に溺れているようでした。

逞しい自身のペニスで美女をよがり狂わせる。これ以上の男の楽しみがあるでしょうか。

私は久々の膣の感触を確かめるように、じっくりと腰を前後させていきます。若いころのように、いきなり力任せにピストンしたりはしません。小刻みに、女のツボを責めつつ自分もたっぷりと快《こころよ》さを感じられる出し入れです。

「ほら、佑美ちゃん、もっと奥まで入るよ……君みたいな若い美人が、契約欲しさにこんな汚いジジイに犯されて、どんな気分だい？」

「んんーっ、社長のおち○ちん気持ちいいですぅっ！　すっごく当たるんですっ！ああーんっ、そこ、そこイイですぅっ！」

私はますます彼女の肉体に密着し、その美しい顔を舐め回しながら、じわじわと下半身の動きを強めていきます。

「そんなに私とおま○こするのがイイのかい？　きれいな顔をして、佑美ちゃんはいやらしい子だね」

「だ、だって、社長とえっちするのがこんなに感じるなんて思わなかったんですもの……社長はわたしのおま○こ、どうですか？　気持ちいいですか？」

私は彼女の耳たぶをしゃぶりながら、ささやきました。

「ああ、すごくイイよ、佑美ちゃんのおま○こ。ほんとうに二十年若返った気分だよ」

「じゃあ、今度はわたしが上になって、してあげますね。いいですか？」

喘ぎながら、彼女はそんなことを言い出しました。私も騎乗位は大好きです。言われるまま、私は床の上にあおむけになりました。

髪を汗で濡らし、いやらしい微笑を浮かべて、大胆に私の上に跨ってきます。いまだ勢力を失わないち○ぽをきゅっと握りゆっくりと自分の中へと導いてくれます。

「ああ、入った……ああこの角度もたまらないです。社長のおち○ちん、すっごく元気」

下から見上げる彼女の肉体は、またいっそう刺激的でした。快感にうっとりした美貌も、腰を動かすたびにたわわに揺れる豊満すぎる乳房もじっくり見られます。

この目からの刺激で、私の息子はますますいきり立つのです。

「ああん、どうしよう、お尻が勝手に動いちゃいます！　社長のビンビンおち○ちん気持ちいいです！　社長も、わたしのおま○こ、いっぱい楽しんでくださいね……」

そう言うと佑美ちゃんは、腰を激しく上下に振り立てます。若者らしいエネルギッシュな出し入れのもたらす快感はすさまじく、私はもうそれに身を委《ゆだ》ねるばかりです。

「ああっ、とってもイイです、社長。ほら、おっぱいももんでください、はあ、はあっ」

彼女は私の手を取って、自分の弾む巨乳をつかませます。

私が乳首を弄《もてあそ》んでやると、新たな快感に襲われた彼女は、「あーっ、だめっ！　これ、クセになっちゃうっ！」とふしだらにつぶやきながら、なおも女上位ピストンを激しくするのです。

悦楽が高まるほど、彼女のアソコは熱く狭くなっていき、そこに包まれこすり上げられる息子の心地よさといったらありません。

おお、ついに、金玉袋の中でオスの絶頂を告げる粘液が煮えたぎる感覚もよみがえってきました。それは放出を求めてぐんぐんとサオの中を駆け上がってきます。

「佑美ちゃん、イキそうだ……中で出してもいいかい？」

夢中で腰を振りながら、彼女は何度もうなずきました。

「社長、わたしも……わたしもイッちゃう。わたしも社長のおち○ちんでイキたいです。いっしょにイッてくださいね。ほら、もっといっぱい動きますから……ああーんっ、おま○こせつないですっ！　思いきり、熱いのピュッてしてくださいっ！　あふっ、あはあっ、ああっ、イキそう……はっ、はあっ、くぅーっ、イックぅっ！」

佑美ちゃんは最後にひときわ大きな声をあげ、ガクリと脱力しました。

その間も、膣はピクピクと痙攣しつづけ、私のナニを絞り上げます。その刹那、私はもうけっして迸《ほとばし》ることはないだろうと思っていた精液を、思いきり彼女の子宮へと放出したのでした。

佑美ちゃんの献身的なオプションサービスに大いに満足した私は、もちろん保険の契約をしてあげました。

彼女はノルマを達成したばかりか、支社長賞として金一封ももらったそうです。

ですが、話はまだ終わりではありません。私は新しいオファーをしたのです。

ご想像どおり、私は彼女に愛人契約をもちかけたのです。

いまでは佑美ちゃんは会社を辞め、買ってあげた別宅で、毎晩私の帰りを待っていてくれます。

さすがにこの歳で毎晩というのは無理ですが、悩ましい下着姿であの手この手のご奉仕をしてくれるかわいい愛人のおかげで、妙な薬を飲むこともなく、私の下半身はすっかり再びの青春を取り戻しています。美女の肉体は最高の媚薬とは、よく言ったものです。

人生も終わりにさしかかって、またセックスの快楽にまみれて生きられる喜びを、あらためて噛みしめる毎日です。

ご近所の優しいパート主婦に誘惑され子供の目を盗みながら背徳セックス！

内野大成　事務員・六十二歳

私のとなりの部屋に一年前に越してきたのは、三十歳になるバツイチの成美《なるみ》さんと、その娘の彩名《あやな》ちゃんです。

最初のころは、子どもの声が聞こえてくるなあと思っていただけですが、そのうちだんだんいやされるようになってきました。自分の子どもが小さかったころのことを思い出したりして、なんだかいいものだなと感じるようになっていました。

アパートで一人暮らしを始めてちょうど八年になる私にとって、それはちょっとした慰《なぐさ》めのようなものでした。

私のほうも離婚歴があるのですが、子どもはもうとっくに成人してどこかの企業に就職しているはずです。最後に会ってからずいぶん経ちます。夜遅くにとなりから彩名ちゃんの泣き声が聞こえてきたりすると、我が子が幼いときもよく深夜に泣いたものだなあとなつかしく思い出したりします。

だから成美さんから「ゆうべはうるさかったでしょう、ごめんなさい」などと謝られても「全然気になりませんよ」と笑って答えているうちに、だんだん親しくなってきて、いつしか気軽に話せる間柄になっていました。

成美さんは昼間は彩名ちゃんを保育園に預けてスーパーで働いています。私のほうも昼間は知り合いの建築事務所で雑用をこなして糊口をしのいでいます。きっちり五時には終わる仕事です。それを知っている成美さんは、自分がスーパーで残業になるときは、私のスマホに電話をくれます。

そうなると私の出番です。彩名ちゃんを保育園に迎えにいき、そして夜はそのまま私の部屋で成美さんが帰ってくるまで二人で過ごすのです。

成美さんから頼まれたわけではありません。急な残業のときに困っているのを聞いて、だったら私が迎えにいきましょうかと話してみたら、初めのうちこそ遠慮していたのですが、やはり背に腹は代えられないということで、そういうことになったのです。

保育園にもそのことを伝えてあるので、私がお迎えにいっても、保母さんたちは安心して私に彩名ちゃんを預けてくれます。そのうち成美さんも、心置きなく残業できるようになるとやはり安心したようで、いつの間にかそれがあたりまえになってきました。

隣人とこんな関係になるなど想像もしていなかったのですが、こんな毎日が私にはとても楽しくて平和です。さびしさがまぎれるというだけではありません。だれかの役に立っている、自分の手助けを必要としている人がいる、そう思えるだけでも大きな支えです。

でも、だからといって、まさか成美さんとあんな関係になるとは夢にも思っていませんでした。ちょうど二カ月ほど前のことです。

その日も成美さんからメールが届きました。

「急に売り場のディスプレイを変えることになって、しばらく帰れないので、お願いしてもいいですか？」

私は仕事を終えると、すぐに「いいですよ」と返信をして、事務所から保育園に向かい、そのまま彩名ちゃんを連れてきました。

彩名ちゃんにしてみたら、私はとなりに住むおじいちゃんのようなものなのでしょう。いつものように保育園でどんな遊びをしたかとか、友達のこととか、そんな他愛もない話をしてくれました。二人で食事をして成美さんの帰りを待ちました。

私の子どもは息子なので、幼い女の子と接するのは新鮮です。もう一人、女の子がいてもよかったなあなどと、よく思います。

その日は疲れていたのか、彩名ちゃんはそのまま私の部屋で眠ってしまいました。そして十時ごろだったでしょうか、おみやげにと御惣菜の残りを持って、ようやく成美さんが帰ってきたのです。

彩名ちゃんが眠っているので、すぐに部屋に連れ帰るわけにもいかず、なんとなく二人でしゃべっていたのですが、それであんなことになったのです。

「いつもとても感謝してます。おかげで私、パート先のお店でもよく働いてくれるって感謝されててお給料も安定してるし、彩名ももう一人家族がいるみたいで喜んでるし。お隣さんがこんなにいい人でよかったなあって」

「いやいや、子どもを抱えてがんばってる姿を見てると、つい応援したくなりますよ。お互いにバツイチ同士だし、これからもなんでもお手伝いしますよ」

そんなふうにして、いつになくお互いのいままでの生活や離婚した理由などをポツリポツリと話していたのですが、話しながら、お互いの距離がなんとなく近づいたような気がしました。いままでは親戚の叔父さんと姪っ子ぐらいな感じに思っていた成美さんを、一人の女性として見ている自分に気づいたのです。

でも成美さんは、やっと三十歳になったばかりだし、私はもう六十歳を過ぎています。おかしな気持ちを持ってはいけないと自分をいましめました。

とはいえ、正直なところまだ性欲はあります。男の機能は十分に果たせます。成美さんに対してムラムラしたのは確かです。

するとと成美さんが、びっくりするようなことを言い出しました。

「へんなことを聞きますけど、性欲とかって、まだありますよね？」

恥ずかしそうだけれど成美さんの顔は真剣でした。これは私もまじめに答えなければと思いました。

「性欲ですか？　まあ、この年齢でも男は男ですからね、それなりにありますが、でももう相手もいないので……」

「へんなこと聞いてごめんなさい。うちの職場で内野《うちの》さんと同じ年齢くらいの男性がいて、その人がこの前冗談で、もうカミサンがやらしてくれなくて風俗いくしかないんだよって言ってたから、どうしてるのかなって」

そして、まじめな顔で続けました。

「正直に言ってくれたから私も正直に言いますけど、離婚してもう三年以上たって、その間、男性と全然そういうことなくて、私もちょっとつらいなあって。それで、ときどきこの子が寝たあとで自分で慰めたりするんです……」

そう言ったあとで、成美さんはすごく照れた顔をしました。

「恥ずかしがらなくていいですよ、私もしてますから、自分で」

成美さんにだけ恥をかかせてはいけないと思って、私はそう打ち明けました。

すると成美さんは安心した顔をしました。

「そうなんですね、よかった。あの……私の声、聞こえてませんか？」

「いや、それは全然」

「それ聞いてほっとしました。私、声が大きくて……」

しばらく気まずい沈黙が続いたあとで、成美さんが小さな声で言いました。

「あの……いつもお世話になってるお礼ってわけじゃなくて、内野さんとなら、私、いいかなって思うんです。私でよかったら、性欲解消のお手伝いさせてもらえませんか？」

信じられない言葉でした。聞き違いかと思いましたが、私が何か言う前に、成美さんは私にキスしてきました。自分の年齢の半分もいかない女性のキスなど初めてで、ボーッとしてしまいました。しかし情けないことに、下半身は激しく勃起していました。

「いや、でも、それは……」

「ダメですか？　でも、すごく大きくなってますよ」

ズボンの前に手を置いて、成美さんはうれしそうに笑いました。

「あの、よかったら抱いてもらえませんか？　私、内野さんなら喜んで抱かれたいです……」

信じられないような言葉でした。でも、ここで断ったら彼女に恥をかかせることになります。それよりも私の性欲ももう抑えがきかなくなっていました。

気がついたら、お互いにむさぼるようにして唇を吸い合っていたのです。

成美さんの手は、その間も私の股間をさすり、やがてファスナーをおろすとペニスを引っ張り出しました。「大きい……」そう言うと、根元からしごき上げながら先端を舌先で舐めました。熱い舌が這い回ります。久しぶりの感触にしびれそうでした。

「あ、あの、まだ風呂にも入ってないし……」

「いいんです、これが好きなんです、すごくいい匂い」

鼻をクンクン鳴らしながらしゃぶり回す成美さんは、本当にその行為が好きな感じで、舌先がカリの周りや鈴口をチロチロと刺激しながら「ああ、おいしい、久しぶりだから興奮する」などとつぶやいています。

さらに私のズボンとパンツを脱がせると、下半身だけ裸にしました。

いつもは子どもを介してしか接していない若い女性の前でそんな格好になると、ひどく悪いことをしているみたいなアブノーマルな気分になりました。でも成美さんはむしろ興奮した顔になり、上を向いていきり勃《た》っているものにむしゃぶりついてきました。ペニス部分だけでなくタマのほうにも顔を埋め、クンクン匂いを嗅《か》ぎながら「この匂いすごく好きうなんです」などと言っています。

いつもは子どものためにがんばっている成美さんのそんなハレンチな行為にすっかり驚いてしまいました。そこまでされたら、私も久しぶりに味わう快感に頭がボーッとしてしまい、身をまかせることにしました。

すると成美さんは、咥えたままで下着を脱ぎました。

「お願い、私も舐めてほしい……」

そう言って私の顔を跨《また》いできました。69の格好です。目の前にいきなり迫ってきた女性のその部分は、もうすっかり濡れていました。この年になって、まだ三十そこそこの女性器をこんなふうにして見るなんて想像もしていませんでした。女性器だけでなく、白くて大きなお尻が開いて肛門まで丸見えです。

「舐めて、いいんですか？」

「舐めてください、いっぱい味わってください」

私は顔を埋めて舌を出しました。女性器特有の匂いがしました。指先で広げてクリトリスを責めると、成美さんはお尻を揺さぶるようにして甘い声を洩らしました。肛門にも舌を這わせると、「はうっ！」というような声を洩らして反応してきました。そして、夢中になってペニスを吸い上げてきました。

そうやってお互いの性器を舐め合い、味わっているうちに、私は顔中すっかり愛液でぬるぬるになってしまいました。

「私のこと、軽蔑してますか？」

「いや、全然」

「ならよかった。もう我慢できないです、入れていいでしょう？」

私におおいかぶさってささやく成美さんは、いつものお母さんの顔ではなく、一人の女の顔でした。この人もこんな顔をするんだと思いました。

「いいですよ、好きなようにしてください。したいようにしてください」

「ほんと？　うれしい」

本当にうれしそうな顔をすると、成美さんはガチガチの男性器を握りしめ、上に乗ったままで、それをアソコにあてがいました。でもすぐには入れようとせず、私の下半身に跨《また》がったままで前後に動きだしました。

二人の性器がこすれ合って卑猥な音を立てました。成美さんは自分の割れ目にペニスをあてがって、前後運動しながらクリトリスを刺激しています。すごく気持ちいいみたいで、さっきよりもかん高い声をあげました。そばに彩名ちゃんが寝ているのであまり大きな声は出せず、必死でこらえているのですが、でもときどきうまくツボを刺激するのか、悲鳴のような声が洩れます。

その必死で腰を動かしてるのと、必死で声を我慢しているのとがなんだかむしょうにいやらしくて、私のほうも、ペニスがますますカチカチになるのがわかりました。

「ああ、これ、たまんない。硬いおち○ぽでクリちゃんこすってるの。おち○ぽとクリがこすれ合ってるの。すごくいい、これ好き……」

ふだん自分でしごくときとは比べものにならない刺激で、私のほうも感じまくっていました。成美さんの若い女性器がペニスをこすってると思うだけで、射精しそうな気がしました。でも、ここで出してしまったら二度目の勃起がくるかどうかわからないので、必死で我慢しました。

「オナニーより気持ちいい……このままイッちゃっていいですか？」

息も絶えだえの成美さんは、私が答えるよりも先に腰の動きのピッチを上げながら、声を押し殺して、そのまま達してしまいました。

「まだ入れてもないのに、もう達したんですか？」

「ごめんなさい、我慢できなくて……」

ぐったりして体重を預けてくる成美さんを下から抱きしめると、舌をからめてきました。若い女性の舌は、柔らくてよく動きます。成美さんはわざと唾液を垂らして私に飲ませました。甘い味がしました。すると、ペニスがギュンと反応しました。

「本当のこと言っていいですか?」

「いいですよ、なんです?」

「ほんとはあまり期待してなかったんです。だって内野さんの年齢考えたらどうなんだろうって思っちゃって。でも、すごいんですね。こんなに硬くて大きい」

そう言いながら、ずっと下半身をグリグリ動かしています。

「成美さんがすてきだからですよ。だから年がいもなく……」

「そう言われたらうれしいです。ねえ、これ欲しい」

成美さんが、それに指をからめてきました。

「熱い、すごいですね。これいつも自分でこすってるんですか?」

「そうですよ、一人で出してます」

「もったいない、今夜は私のアソコで気持ちよくなってくださいね。私のことも感じさせてほしい。この硬いおち◯ぽで……」

そう言うと成美さんは少し腰を浮かせ、ペニスの先端を割れ目にあてがうと、腰を沈めてきました。ペニスは待ってましたとばかりに、若い女性器に分け入って、下から突き上げました。熱い肉がびっしりと密集して、ペニスを締めつけてきます。いま若い女性の性器に、自分の性器が挿入されている。あらためてそう思いながら、そのぬめっとした窮屈な湿り気を味わいました。

「すごい！　アソコがウワッて広がって、おち◯ぽがいっぱい詰まってる」

「ひとつになっちゃいましたね」

「なっちゃいました。内野さんとこんなふうになるなんて想像もしてなかったけど、すごくうれしいです」

「ほんとですか？　こんな年寄りなのに」

「そんなこと言わないで。うんと年上だけど、こんなに硬くて立派です」

そう言われると素直にうれしくなります。

「あのね、舐めてるときに気づいたけど、カリが大きくて立派ですよね。すごくいい形してるのがわかります」

「そうなんですか？　言われたことないです」

「ほんとに？　いままで内野さんと交わった人、みんな思ってたはずですよ。それに、反り具合がいいです。まっすぐでもなく、曲がりすぎてもなく、すごく反り方がカッコいい。すごくいいおち◯ぽですね」

「男のモノに詳しいんですね」

「あ、やだ……私、自分で自分がエッチなことを白状してますね。そんなんじゃないんです。経験人数はそんなに多くないです。でもね、離婚してから一人でするときにネットでAVとか見るようになっちゃって、男性のおち◯ぽを、たくさん見ちゃいました……」

「そんなの見ながらオナッてるんですか？」

「そうなんです。スケベでしょ？　彩名が寝たら、一人でいじってるんです。でもね、やっぱり本物がいい。こうやってズッポリ入ってる感じ、たまんない」

あらためてキスしながら、ゆっくり腰を動かしはじめました。

眉をしかめ、せつない声をあげながら、ヌルッと出したりズボッと入れたりしています。そうやって、自分のいちばんいいところに先端を当ててるみたいでした。どこをどうされるのがいちばん気持ちいいのか、よく知ってるみたいです。

「すごい、やっぱりカリが大きいから、アソコの中をかき回してきます。壁のいろんなところに引っかかって気持ちいいんです」

途切れとぎれにそんなことを言いながら、女性器で私の男根を味わい、堪能《たんのう》しています。すごくいやらしい顔でした。

「成美さんのアソコもとてもいいですよ。熱くて窮屈で、くねくねしてる」

「わかります？　名器だって言われたことあります。男性のおち○ぽに何かがからみついてくるみたいだって。自分じゃよくわかりませんけど」

確かに、アソコの中にも舌があって、ペニスをしゃぶっているような感じでした。それほどたくさんの女性と経験があるわけではありませんが、いままで味わったことのない感触でした。

「思いっきり動いてもいいですか？」

「いいですよ、好きなようにしてください」

「私、すごく淫乱だけど、軽蔑しないでくださいね」

そう言うと成美さんは、いきなりアクセルを全開にしたように、大きく腰を動かしました。そして一気に昂《たかぶ》ったように、背中をのけぞらせて感じはじめました。いかにも欲しかったという感じです。ずっと欲しくて耐えていたんだなあと思いました。腰を自由自在に動かし、服を脱ぐと自分で乳房をもみ上げ、乳首をつまんだり引っ張ったりしながら感じまくっています。ただ、そばに彩名ちゃんが眠っているので、声だけは必死でこらえています。その顔がせつなくて、またいいのです。一児の母である三十歳の女性が久しぶりに女の本性を丸出しにしているのを下から見上げながら、ときどき突き上げたり、お尻をつかんで揺さぶったりしました。

そのたびに成美さんは反応し、ついつい大声を洩らしそうになりました。

そのうち今度は、四つん這いになりました。

「今度は、この格好でしてください」

高く突き上げたお尻の真ん中に、ぐっしょり濡れた女性器が口をあけて待っています。バックでゆっくり入れていき、腰を持ってズンズン突き上げました。成美さんは脱ぎ捨てた自分のシャツを口に咥えて、必死で声を我慢しています。

それを見ると私はますます興奮してしまい、お尻をパンパン叩いたり、つねったりしてやりました。ちょっと倒錯的な感じに燃えるのか、頭を振って髪を振り乱しながらお尻を揺さぶってきました。

挿入部分からは、白い液が溢れて滴《したた》り落ちていました。本気汁というのでしょうか。カリでかき出されるようにして溢れてきます。なんだかひどく動物的です。そのことを彼女に教えてあげました。

「やだ、言わないでください、私もうグチョグチョになるんです。水溜りができちゃうくらい。ねえ、今度は正常位でしてください。最後は顔を見ながらイキたいから」

そう言ってあおむけになった成美さんに、おおいかぶさりました。

下から思いきり抱きしめられると、夫婦か恋人になったような気分です。唇を重ねながら挿入して、最初はゆっくり動き、だんだんスピードを速めていきました。

騎乗位のときともバックのときとも違う角度で入っているせいか、また違う感じでした。いままでの中でいちばん窮屈で、しかも熱いものがからみついて刺激してきます。舌をからめながら、なるべく深いところを突きました。成美さんが私を抱き締める力がますます強くなり、キスをしながら声をこらえていました。

でも、やはり快感には勝てないのか、大きな喘ぎ声が洩れてきました。

「どうしよう、イッちゃう……ああ、もっと動いて、いっぱい突いて!」

「いいですよ、イッてください、ぼくもイキますから……」

「中には出さないでくださいね……そのかわり、飲ませてほしい、お口に出して!」

そんな淫らなことを言われて、私は一気に昂《たかぶ》ってしまいました。

奥をズンズン突きながら「イキますよ」と言うと、成美さんも激しく体を痙攣させながら大きく口を開きました。まるで、目の前にもう一つ女性器が開いた感じでした。

私は急いで引き抜くと、愛液まみれの男根を顔の前に突き出し、最後は自分でこすって精液を飛ばしました。

成美さんはそれを口で受け止めると、ゴクンと飲み干し、さらに男根を咥えて先端をきれいに掃除までしてくれました。

「おいしかった……すごく濃厚でした」

彼女のうっとりした顔が、とてもきれいだと思いました。

その晩は、そのまま私の部屋で朝まで眠りました。三人で目を覚ますと、本当に家族のようでした。

思いがけない出来事で、朝はお互いにちょっと照れてしまいました。それに、彩名ちゃんに、「どうしておじさんの部屋に寝てるの?」と訊かれて、ごまかすのに苦労しました。でも彩名ちゃんは、むしろ喜んでるようにも見えました。

それからも、私は彩名ちゃんのお迎えの役目を果たします。そしてその夜は、そのまま私の部屋で成美さんとのセックスを楽しむようになりました。

ずっと一人ぼっちだった生活も、おかげでなんとなく明るくなりました。成美さんとの関係がこの先どうなるかわかりませんが、お互いに一人の男と女として、もうしばらくはこの関係を楽しんでいけたらと思っています。

第四章 途絶えることのない熟年たちの性春

「お義父さんが欲しい」と懇願され息子の嫁の熟れた女肉を弄んだ私……

向井義明　無職・五十七歳

この令和時代に、こんなことがどのくらいあるのでしょうか。

私の二番目の孫は、実は私の子どもなのです。

結婚して所帯を持った息子は、私たちのすぐ近くに家を買っていました。

二年前に初孫が産まれたとき、新米祖父母になった私たち夫婦は大いに喜び、息子たちの迷惑も顧《かえり》みず、退院のその日から日参していたものです。嫁は頭がよく気も利《き》くほうで、息子本人ほど私たちが来るのをいやがってはいませんでした。

孫が満一歳になるころ、「私たちが見ているから」と言うと、お礼を言って外出し、孫も食べられそうなお土産を買ってくるというちゃっかりしたところもありました。

あるとき、妻が友人と約束があるとかで、私一人で息子宅に押しかけ、孫の相手をしていました。貯えも少しあったので、私は会社を五十五歳で退職していたのです。

嫁は軽自動車で遠くまで出かけ、帰宅したのは午後三時ごろでした。遊び疲れてお昼寝をした孫にタオルをかけてやり、私も隣でウトウトしていました。

「ああ、翔子《しょうこ》さん、おかえり」

私はあわてて立ち上がりました。

「すみません、お義父《とう》さん、お疲れでしょう」

「はは、一歳ともなると動き回るし、好奇心も大きくなるしな」

嫁は軽そうな白いワンピースを着ていました。孫娘と出かけるときはいつもパンツ姿ですが、その日は独身の大学時代の友人と会うとかで羽を伸ばしたのでしょう。

その嫁が微笑みながらじっと私を見つめていることに気づきました。

「どうしたね？」

「お義父さん、貴志《たかし》君と似てるけど、目つきが違いますね」

息子の名前を出し、嫁はそんなことを言ってきました。

「貴志君、最初はもっと優しかったんだけど、最近目つきがキツくなってきて……」

「ほう？　だいたい子どもが産まれるころ、亭主は仕事で責任のある役職に就《つ》きはじめて忙しくなるもんだ。自戒を込めて言うが、わしもそうだった」

「早くお義父さんみたいになってほしいわ」

やけに、距離が近すぎると思ったことを覚えています。それこそ、手を伸ばせば抱き寄せられるぐらいの位置にいたのです。

嫁はゆっくりとキッチンに向かい、お茶の用意をしました。

そのキッチンからいきなり、嫁の高い悲鳴とともに、水道からまっすぐ水が噴き出しました。蛇口がとれたのです。あわてふためいている嫁の隣にしゃがみ込み、シンク下の扉を開けて、水道を止めました。

勝手知ったる息子の家のこと、工具箱からモンキーを取り、蛇口を直しました。

膝をついて濡れた床を雑巾でふこうとすると、嫁が言いました。

「お義父さん、そんなこと、私がやります」

「それより早く、自分をふいて着替えてきなさい」

「こんなとき、貴志君がいてくれたら」

「そりゃ無理というものだ。男は外で働いてナンボだ」

雑巾を絞り、何度かふくと床の水気はなくなりました。

「孫が起きなくてよかったな」

見ると嫁は水をかぶったまま、まだそこで立っていました。

「ありゃ、なにをしてるんだ。風邪をひくぞ」

濡れた嫁の顔からはファンデーションが落ち、まるで風呂上がりのようになっていました。水が冷たかったからか、目が赤く潤《うる》み、頬はやや青ざめていました。

「びっくりしたのか？　はは、心配なら、せがれが仕事に行ってる間、わしが亭主の代わりを務めてやるぞ」

他意のない言葉のつもりでしたが、口に出したとたん、妖しい意味に取れることに気づき、内心であせりました。そして嫁はやはり、不自然に近い位置に立っていました。

濡れたワンピースに、白いブラジャーが一部透けていました。

私は手を伸ばし、ゆっくりと嫁を抱き寄せました。一秒前まで自分でも考えもしない行動でした。嫁は抵抗も非難もしませんでした。

かなり長い時間、無言で抱き合っていたと思います。

「すまなかった。こんなことをするつもりはなかったんだ……」

いくぶん言いわけくさく言って、私は抱擁《ほうよう》を解きましたが、驚いたことに嫁も私の腰に弱く両手を回しており、その手を離してくれませんでした。

「翔子さん、いけない。体が冷えている。ほんとうに風邪をひくよ」

動揺もあり、やや的はずれなことを口にすると、

「お義父さんが、温めてください……」

嫁は私の胸に顔を埋《うず》め、くぐもった低い声でそんなことを言ったのです。

「二十年後の貴志さんが、反省して戻ってきてくれたみたい」

わかりにくい例えを口にすると、嫁は顔を上げ、にっこりと笑いました。

吸い寄せられるように私は顔を寄せ、嫁の小さな口にキスしました。

結婚以来、妻と乳幼児だった子どもたちを除けば、女性とキスするなど初めてでした。五十七年の人生で、初めての浮気体験は、息子の嫁だったのです。

「ショーコ、愛してるよ……」

息子が嫁を呼ぶときの調子で声もまねてみました。激しく心臓が高鳴っているのに、こんな余裕はあるのかと自分に驚いたのを覚えています。

「うふ、ホントに歳を取った貴志君みたい」

嫁を抱いたまま、背中の首元にあるワンピースのファスナーをつまみました。そのまま腰までゆっくりと下げました。孫が寝た静かな室内に、ジーッと小さな音がやたらと大きく聞こえました。

水気を帯び、重くなったワンピースは、ボトッと音を立てて床に落ちました。

白いブラジャーと、ピンクの意匠のついたかわいらしい白いパンティが現れました。ストッキングも薄いベージュです。

嫁の半裸体を見ながら、何か後に引けないところまで来たと思ったものです。

脱衣場からバスタオルを持ってきて、濡れた嫁を頭から軽くふいてやりました。

「このふき方、貴志君とそっくり」

息子がうらやましいと思いました。

罪のない寝息を立てている孫の隣に行きました。孫の隣で仮眠をとれるように、薄目の敷布団をいつも敷いてあったのです。

二人であいまいに抱き合うように敷布団に横になると、互いにむさぼるように抱き合い、舌を絡める激しいキスをしました。

その間に、私も着ていたものを上から下まで脱ぎました。

「さすがに下着のセンスは貴志君と違いますね」

ジジくさいと言われたような気がして、バツが悪いと思ったものです。これからは下着にも気をつけようと思いました。若い異性の存在はまさにジジイの回春剤でした。

「しかし急に下着の趣味が変わったら、家内に怪しまれる」

「それもそうですね」

間の悪い沈黙が訪れました。どう考えても不倫セックスする男女の会話だと、二人とも同時に気づいたからです。

横寝の姿勢で抱き合い、キスをしながら、背中のホックに手を伸ばしてブラジャーをはずしました。片手でストッキングも脱がしていきました。月一のペースの妻とのセックスでは、最初から着脱しやすいパジャマなので、慣れない状況に大いにとまどったものでした。

嫁の乳房に顔を埋め、舐め回しました。

「あああ、お義父さん……ああ、気持ちいい……」

こんな喘ぎ声を聞くのは、長年連れ添った妻だけです。いつも元気いっぱいの嫁からこんな声を聞くだけで、タブー感と、経験のない興奮が身を包みました。

乳房の弾力や張りもさることながら、ふれている肌の感触にも大いに驚いていました。どこまでも白く、ヌルヌルなのかサラサラなのかわからないキメの細かさです。

そっとなでただけでは、指に感触が伝わらない摩擦のなさでした。

乳幼児のように丸めた唇で乳房をつまみました。やわらかな乳首が、私の唇で挟まれたまま徐々にコリコリと硬くなっていくのがわかりました。

「あん……お義父さんの舐め方、優しい……」

嫁は顎を出し、うっとりとつぶやきました。

「貴志は優しくしてくれないのかい？」

野暮を知りつつ、訊いてしまいました。

「最近手抜きなんだもの」

嫁も嫁で、あけすけとそんな答え方をしてきました。

「よし、せがれの不始末をわしがつけるとしよう」

野暮を越えてもはや下衆《げす》の極みでしたが、そんな雰囲気の中では、二人とも自然な言葉として受け止めていたのです。

乳首の周りを舌先で一周し、大きく舌を出して乳房全体を舐め回しました。ときおり鳥肌を立てたようで、なめらかな乳房がひどくざらつきました。

両方の乳房を不公平なく舌で愛撫しました。久しぶりの興奮に、疲れも忘れて夏の子犬のように、ハアハアと息を荒げながら二十代の乳房をむさぼっていました。

嫁の両手で顔をつかまれ、そっと乳房から離されました。

「お義父さんのは、どうなってるの？」

顎を引き、控えめな調子で訊いてきました。

「わしのか？　恥ずかしながら見てくれるか？」

実はそのとき、ずいぶん久しぶりに激しく勃起していました。私があおむけに寝ると、嫁はずるずると体を下げていき、私のペニスを見おろしました。

「あは、お義父さん、すごく立派ぁ……」

「白状すると、そんなにカチカチになったのは久しぶりなんだ」

嫁が細い指で私のペニスをつまむと、私の下半身に一気に緊張が走りました。

「うふふ、うれしい……いけないことだけど、なんだか光栄に感じちゃう」

嫁はペニスをマイクのように両手で持つと、ゆっくりと真上から呑み込んでくれました。口を大きく開けたと同時に、すっと目を閉じるのが煽情的でした。

「うおっ……翔子さんっ!」

強い圧迫感に情けない声が洩れてしまいました。妻はこんなサービスは最近ほとんどしてくれませんでしたが、それを差し引いても、初めてと言えるほど強烈な快感でした。私たちよりアダルト動画などに親しんでいるのか、ペニスを咥えて上下しつつ、握った手にも強弱をつけてくるのです。

垂れた長髪が私の下半身にふれ、くすぐってくるのも、地味に新鮮な感覚でした。

私は伸ばした両脚の先まで緊張していました。腹にもむだに力が入り、容赦ない責めに、息さえ殺していました。

「翔子さん、ありっ……ありがとう。今度は、わしが翔子さんのを……」

嫁の口からペニスを離させ、嫁をあおむけに寝かせました。白状しますが、非日常感と強い禁忌感《タブー》ですぐにも射精してしまいそうだったのです。そして、それはみっともないというおかしな見栄があったのです。

「え、いやです。恥ずかしい……」

大胆で好奇心剝き出しに思えた嫁が、急に羞恥心いっぱいの少女のような声を出したので、大いに興奮したのを覚えています。

「恥ずかしがることはない。さあ、脚をおっぴろげて翔子さんの股ぐらをよく見せておくれ」

ワザとふだん使いもしないジジくさい口調で言い、嫁の両膝を持って左右に広げました。両手で股間をかばおうとする仕草がかわいく思えたものでした。

「お義父さん、そんなに顔を近づけちゃ、イヤです……」

若い蒸れた香り、陳腐な言葉でしょうが、そうとしか言えない匂いでした。そのとき感じたのはなつかしさでした。忘れていましたがいまは五十代後半の妻も、かつてはこんな香りを放っていたのでしょう。

薄めの恥毛はYの字に淡く広がっており、嫁のいやらしい蜜で肌に張りついていました。開きかけた陰部も十分うるおっていて、ジクジクと奥から透明な蜜が溢れ出ていました。嫁の言葉につられたわけではありませんが、五十七歳の自分が、二十四歳の女性をこんなふうにさせているのが誇らしく思えました。

万感の思いを込めて舌を出し、嫁の恥部を大きく舐め上げました。

「ああっ！　お義父さんっ、お義父さんっ……！」

嫁は「お義父さん」と連呼していました。隣を見ましたが、一歳の孫は一瞬だけ寝息が途切れただけで、さいわい起きる様子はありませんでした。

息子の嫁と不義をしている禁忌感に加え、「お義父さん」と呼ばれることには別種のタブー感もありました。

私は鼻まで濡らして、懸命に若い女性の恥ずかしいお汁を舐めほじりました。

こんな宝をおざなりに扱う息子に、鈍い怒りを覚えたものでした。

嫁がまた私の頭をつかみ、私は股間から顔を離して、ゆるゆると体を重ねました。

目が合うと短いキスを交わしました。

「お義父さん、欲しい……」

そう小さくつぶやき、すぐに目を逸《そ》らしました。私でさえ昭和だと思うような仕草でした。嫁の頬にキスをしながら、私は片手でペニスの根元を持ち、先を嫁の膣に当てました。

「翔子さん、すごく、いいぞ……ああっ！」

ヌメヌメとペニスを締めつける快感に、私は腹の底から低い声を出しました。

「あああ……貴志君のと、違うっ！」

どう違うのか非常に気になるところでしたが、さすがに訊けませんでした。

ペニスが嫁の膣奥に達すると、嫁は短くうめきながらゆっくりと目を開けました。

「すまん、翔子さん……こんなことになってしまって」

「お義父さん……」

嫁は子どもを慰《なぐさ》めるように、私の頬にそっと手を当てました。

「わしは息子を、あんたは亭主を裏切ってしまった」

「この秘密は、お墓に入るまで持っていきましょう、お義父さん」

気の利いた言葉のつもりだったかもしれませんが、五十七歳の私に「お墓」は少々なまなましく聞こえたものです。

キスをしながら腰を振りはじめました。

「うんんっ！　ああ……あああっ」

ゆるいピストン運動にリズムがついていくと、嫁は唇を離し、目を閉じて顎を出しました。長年連れ添った妻とは異なる膣の感触に、私の息も荒くなっていきました。

射精はしてはいけないと思っていました。自分の良心の線引き、などと偽善的な意味ではなく、妊娠を怖れたのです。アダルトビデオのように、直前で抜いて膣外で射精などできるものだろうかと、激しく腰を振りながら不安になっていました。

「あんっ、ああんっ！　おとっ……お義父さんっ！」

嫁は腰振りに声を割らせながら、目を開けて私にしがみついてきました。

ピストン運動を止めさせると、嫁は私の片方の肩を大きく持ち上げました。なにをするのかわかりませんでしたが、私たちはほぼ一瞬で上下が入れ替わりました。

あおむけになっている私に、嫁が上からおおい被さっている格好でした。妻はこんな工夫はしてくれないので、ちょっとうれしい驚きでした。

そうして、私を上から見つめながら、下半身だけをいやらしく振っているのです。

「翔子さん、このままだと、出てしまうぞ……」

弱音を吐いた私を、嫁は表情を消してまっすぐ上から見おろしていました。さぞ情けない顔をしていたでしょう。

「いいのよ……出して」

聞いたこともない低い声で嫁は言いました。姿勢的な位置関係もあるでしょうが、文字どおり上下関係が入れ替わったような気持ちでした。

「しかし……」

嫁は無表情のまま顔を寄せました。キスしてくるのかと思ったのに、そうではなく、嫁は私の耳元に口を寄せたのです。

「中に……出して、義明《よしあき》さん」

耳元でないと聞き取れないほどの小さな声で、嫁がささやきました。嫁に名前で呼ばれたのは、むろん初めてです。

その言葉で、私の理性のタガが完全にはずれました。

脂肪の乗り切っていない嫁の華奢《きゃしゃ》な体を、壊れるぐらい抱き締め、その手を下半身におろしました。プリプリしたお尻を両手で強くわしづかみにし、私の股間に押しつけ、同時に自分も腰を持ち上げました。

「んんっ！　お義父さんのが、突き刺さってるっ……！」

そうして私は猛烈な勢いでピストン運動を始めました。つかんだ嫁のお尻を左右に思いっきり広げました。後ろから見たらお尻の穴も丸見えだったでしょう。

体力の加減を考えずにこんなに腰を強く振ったのは、新婚数年間以来だったでしょうか。実際、翌日腹筋が痛かったのを覚えています。

嫁と乱暴に唇を重ねました。前歯が当たり、カチリと音がしてしまいました。

慣れた姿勢のほうが射精しやすいと思い、ほとんど本能的に腰を振ったまま、さっき嫁がしたように私は上下入れ替わりました。興奮の絶頂の中、こんな器用なことができたのかと自分に驚いたものです。

あおむけの体をピストン運動で揺らしながら、嫁は薄く笑いました。

「濃いのを出して、義明！」

とろけるような声で、私を呼び捨てでそう言いました。息子にすら「貴志君」と呼んでいたのに、何かこの若妻をほんとうに横取りできたような気がしました。

嫁は妊娠してもかまわないと考えているのだと悟ると、これまで経験したことのない征服感と所有感、そして達成感が身を包みました。

強く嫁を抱き締め、私は下半身だけ猛烈に動かしました。さかりのついたサルのような姿だったでしょう。

「あああっ！　翔子っ！　翔子っ、出るっ……！」

「ああっ、熱いっ、来てるっ、来てるわっ、義明っ！」

美しい嫁の眉間に、こんなシワが寄るのかという顔をしていました。

いつもは妻の中でにじみ出る程度なのに、おそろしい速さで嫁の中に実弾を放ちました。月並みですが、バキュンバキュンという感じです。不倫というのはすさまじいエネルギーを秘めているものだと、ふらちにもそんなことを考えました。

射精を終えても、すぐにピストンをゆるめる気になれませんでした。いつもなら、やれやれという気持ちでニュポンと抜くのにです。

やがて息が収まるころ、ゆっくりとペニスを抜こうとすると、これはと思う強い力で嫁が抱き締め、ペニスを抜くのを阻みました。

「ダメ、ダメ……もうちょっと、このまま……」

見たこともない切ない表情で、嫁がそんなことを言ったのです。

私も興奮の余韻が残っており、嫁を強く抱き締め、激しくキスをしました。

どちらが力を入れたわけでもないのに、また私たちは上下逆になり、嫁が上になりました。妻との長年のマンネリセックスを思うと、ほとんどアクロバットです。

汗ばんでなめらかさを失った嫁の背中を、乱暴になで回しました。嫁も私の顎と言わず首と言わず、ベロベロと舐め回してきました。

「お義父さん、すごかったわ……お義母《かあ》さんがうらやましい」

まだ息が整わないまま、嫁が上から言いました。

「正直、こんなにがんばらないよ。白状するがわしも手抜きだ」

「ダメよ。お義母さんのことも、しっかり愛さなきゃ」

「そうだな、こんど女房のやつに、思いっきりサービスしてみるよ」

不倫男女らしい底の浅い会話を、私たちは楽しみました。

その間も、私は無意識に腰を前後に揺らしていることに気づきました。これも本能的な動きだったのでしょう。

「翔子さん、こんなことをして、もし妊娠したら……」

「大丈夫よ。ちゃんと貴志君ともセックスしてるし」

いまどきの女子大生のような言い分を、あっけらかんと言うのです。私と不義の子が出来ても、息子の子として育てるつもりなのです。

私の顔に浮かんだ不審を、別の意味に捉えたのでしょう、嫁はあわててこんなことを言いました。

「私、こんなことしたの、お義父さんが初めてですよ。貴志君一筋なんだから……」

「わしだって、結婚してから初めてだよ」

息子から尊敬されるべき父親から、唾棄《だき》すべき間男に落ちてしまったのです。

小心者の私の気持ちを察することもなく、続けて嫁はこんなことを言いました。

「うふふ、私、ぜいたく者だわ。親子二代のオチ○チンと繋がったんだもの……」

罪悪感など小指の先ほどもなさそうでした。逆に私はそんな嫁の割り切った態度に若干救われたものでした。

「あん……ところでお義父さん、さっきからまた、オチ○チンが落ち着かなさそう」

「そうなんだ。わしも不思議なんだ。まだ小さくならん」

「うふふ、二度目に挑戦する？」

勘弁してくれと思いましたが、私の腰の動きに合わせて、嫁もお尻を上下に揺らしてきました。

そうして、私は五十七歳にして人生で初の、抜かずの二発を経験したのです。

それから直後、嫁は妊娠しました。私の子だと嫁は言いました。息子ともセックスしているはずですが、「そんなのは女の本能でわかる」と決めつけていました。

現在、第二子として生まれた女児は、息子の子ども、妻にとって二人目の孫としてかわいがられていますが、私の第三子でもあるのです。

小さくない罪悪感を引きずりながらも、私は十カ月間お預けを食ったあと、嫁と不義のセックスを再開できる日を望んでいるのです……。

老人ホームの若い女性職員に一目惚れ衰え知らずの男太棒で熟年ファック！

中崎浩一　無職・六十五歳

私はごく平凡なサラリーマンでしたが、とある事故にあってしまい職場をやめました。妻とは何年も前に死別しているし、子どももおらず障がい者給付金が支給されるので気楽といえば気楽なのですが、そんな日々にはすぐ飽きてしまいます。かといって再就職する気にもならず、せめて人の近くにいたいと思って高齢者向けホームに入居することにしました。

最初は新鮮な気分でしたが、すぐに元のような退屈に飽きあきしてきました。というのも、周囲は私よりずっと年上の老人ばかり、共通の話題もありません。こんなに年寄りに囲まれていると気分も滅入るばかりだし、自分も老けてしまいそうです。

そうは言っても私も以前のような健康体ではなく軽度ながら障がいの残る身。親戚も近くにいるわけでもなく、私は年寄りだらけのホームで悶々《もんもん》とした日々を過ごしていたのです。

これで少しでも若い職員、それも女性がいれば気分も変わるかもしれませんが、職員の大半は五十代。まあ私もいい年ですが、気分だけはまだまだ若いつもりでした。こう見えて私は若いころからけっこうナンパな男で、妻と結婚するまでは何人もの女性と同時に交際していたほどです。実はいまでも女を喜ばせる自信はあります。

そんなとき、最も高齢の職員が退職し、新人職員が来ると耳にしました。とはいってもどうせ男性職員か、もしくは五十過ぎのおばさんが関の山と期待もしていませんでした。

「皆さん、初めまして。櫻井圭子《さくらいけいこ》と申します。よろしくお願いします」

ところが世の中には幸運なこともあるものです。なんと新しく来た職員は女性、しかもかなり若いのです。年は三十といったところでしょうか、しかし年齢より若く潑《はつ》溂《らつ》としています。バツイチで子どももいないそうですが。そのせいで若々しく見えるのでしょう。私は一目見て彼女のことが気に入りました。

彼女がそこにいるだけで、ホームの中が明るくなるようです。私は事故のせいでホーム暮らしですが、ホームの中ではいちばん若いほうです。周りが年寄りばかりで心の重かったぶん、彼女の存在はとても新鮮に思えました。六十五歳といえば世間ではまだまだ働き盛《ざか》り、男盛りといっても通用するでしょう。当然、私は男として彼女と近づきたいと思うようになりました。

まずその彼女に信頼されるには、いきなり馴れ馴れしくするより、まずは自分のことを知ってもらう。はなから口説こうと見えみえでは女は落とせません。私は下心を隠し、ただ彼女の助けを必要とする、少し障がいの残るホーム入居者としてふるまいました。

そのかいあって、彼女は満面の笑みで私に接してくれるようになりました。

「中崎《なかさき》さん、リハビリも順調のようですね」

「ええ、櫻井さんにはご面倒をおかけしてます」

私の障がいといっても、実際はほんの少しだけ足を引きずる程度なのですが、私は彼女の世話になるため、本当より少しだけ大げさに足を引きずったりしました。

彼女は笑みを絶やさず、かいがいしく私の世話をしてくれるのです。そうすると彼女の体温、そして化粧の香りがして、それだけで幸せな気分になれるのです。

もちろん、彼女も私にかかりきりというわけにはいきませんから、私も多少遠慮して、ほかの入居者同様に接しました。だれも私が彼女を狙っているなどとは気づいていません。私は少しずつ彼女との距離を縮め、プライベートな話をするまでになったのでした。

「まあ、中崎さんもお子さんはいらっしゃらないんですか。おさびしいですね」

「死んだ女房とは縁がなかったんでしょうね。いまは気楽な老後人生です」

「老後だなんて、まだまだお若いじゃないですか」

実際問題、私は年齢より若く見られるのですが、彼女の前ではわざと年寄りぶったりもしました。よもや私が頭の中で彼女の裸を想像したり、彼女を押し倒したがっているなどとは思わせません。

彼女に肩を貸してもらった夜などは、彼女の残り香を思い出しながら自慰にふけったりもしていました。彼女はすっかり私を信頼した様子で、若く甘い体臭を振りまいてくれるのです。

そうやって徐々に彼女との距離を縮めていった私ですが、そろそろころあいだと判断しました。彼女はほかの入居者よりも私といる時間が長くなり、プライベートな話もするようになったのです。

一度そうなってしまえば、彼女も油断するのでしょうか。最初の旦那のことや、若かったころの話、学生時代の恋愛事情なども話してくれました。

「ほう、最近の学生さんはやはり進んでいるんだねえ。私の若いころとは大違いだ」

「最近といったって、私ももう三十ですよ、浩一《こういち》さん」

「いやいや、私みたいな年寄りからすれば、十分若者ですよ、圭子さんは」

親しくなった私たちは、お互いの名前で呼び合うようになっていました。私からすれば彼女は娘のような年齢なのですが、こうして名前で呼び合っていると、まるで夫婦か恋人のような気分になってくるのだから不思議です。

私も自分の年齢を忘れ、ほんとうに彼女とつきあっているような気がしてきます。ただし、いくら親しくなったところで、彼女はホーム職員、私はホームの住人にすぎません。ほかの入居者もいる前で、堂々といちゃつくことはできません。

それでも二人きりになれる機会があれば、彼女も私に心なしか近づいているような気がするのです。

それをはっきり確認したのは、私が足をくじいてしまい、彼女に肩を貸してもらったときです。もう時間も遅くなっていて、ほかの入居者はもう自分の部屋に戻っていました。私は彼女のぬくもりを感じながら、部屋に同伴してもらいました。

「思ったよりねじってしまったようですね、大丈夫ですか？　浩一さん」

「あぁ、すまないね。私ももう年だなあ……」

「そんなことないですよ」と笑って私を元気づける彼女に、私はほんとうにこの女性が気に入っているのだなと、あらためて思いました。

　そうして本気でこの女性を抱きたいと強く思ったのです。

「すっかり遅くなってしまいましたね。もうお休みになられますか？」

「いや……まだあまり眠くないんだ。圭子さんがよかったら、少し部屋でお話でもしませんか？」

　いくらホーム職員といっても、本来なら部屋で二人きりになるのはあってはいけないことです。しかし私と彼女はもう十分に親しい間柄で、彼女も微笑んで部屋に入ってくれました。

　私はベッドに腰をおろし、彼女は椅子に座り、しばし他愛ない世間話などをしました。はたから見れば老人と娘のような私たちですが、私は本気で彼女を「抱きたい」と決意したのです。

「こんなことを言うのは困るかもしれないけど、最近私は圭子さんのことが好きになったようなんだよ。娘か孫のような年齢なのに、おかしいだろ？」

「そんなことないです、私ももう三十ですし……」

　実は以前にも冗談めかして彼女を口説いてみたことがあったのですが、そのときは笑い話にされて遠回しに断られました。ですが、このときの彼女の反応は少し違っていました。

これはいけるかもしれない。こういうとき、男は変な格好はつけず、自分の気持ちに正直になったほうがいいものだと、私は経験から知っています。

彼女も三十歳、立派な大人の女性です。男に好意を抱かれて悪い気はしないでしょう。彼女の反応が悪くないことを知ると、私は少し大胆に、隣に座ってほしいと伝えました。

彼女は少しだけためらいましたが、すぐ私の隣に腰をおろしてくれたのです。私は股間のモノが膨張していくのを感じながら、彼女の腰に腕を回し、そっと抱き寄せたのです。

「圭子さん……」

「あっ……」

彼女の小さく白い顔が近づいてきて、私たちは唇を重ねました。二人ともういい年齢の大人なのに、私ははるか昔、妻と口づけを交わしたことを思い出していました。あのときと同じ、いえ、あのときよりもずっと新鮮に感じる口づけでした。

私がそっと舌を差し出すと、ためらいながらも彼女は受け入れてくれたのです。れろれろと舌を絡め、甘い彼女の唾液をすすり上げます。最初は手を握ることもためらっていた彼女が、自分からいやらしく舌を絡めてくることに、私は感動すら覚えたのです。

私は周囲に人の気配がないことを確かめ、彼女の体を強く抱き締め、彼女の背中をそっとさすります。すると彼女もまた、私に身を預けてくるのです。

「もう、みんな寝てるだろうから、遠慮しなくていいんだよ」

「はい……」

私が彼女に好意を持っているのは彼女も知っています。なので、一度受け入れてしまうと、あとはもう大人同士の成り行きというものです。艶々《つやつや》した髪や背中をなでてやると、彼女は熱い吐息をつきました。

ふれ合った胸と胸、ふっくらした乳房が私の胸でひしゃげています。このすてきなふくらみがかつてはほかの男のものだったと思うと、なんだか残念なような、だがいまは自分のものなんだという誇らしい気持ちもしました。

いま彼女のすべては、私のものなのです。服の上から胸をもみつつ、下半身にも手を伸ばします。

見た目より意外とむっちりした尻や太ももをなで回すと、彼女は「あん」と甘い声で喘ぎました。あまりに愛らしいその声に、私の胸は高鳴る一方です。股間のモノはみりみりとズボンの前をふくらませています。

彼女の手を取って自分の股間にあてさせると、彼女はおずおずと、それでもしっかり手に力を込めて私のそこをもんでくるのです。

「あぁ、硬い……すてきです」

「君のここも、相当硬くなってるよ」

服の上からさわるだけで、彼女の乳首が硬く充血しているのがわかります。私ももうこれ以上我慢することはできませんでした。思いきってベッドに押し倒すと、彼女は素直にあおむけになってくれました。

前をはだけさせると、あおむけになっても張りの崩れないふくらみがブラに包まれています。そのブラを上にずらすと、真っ白な肉球、そして桃色の乳輪が丸見えです。こんなすてきな光景を前にしては、もう我慢などできません。

大きく口を開けた私は、目の前の桃色の突起にむしゃぶりつきました。

「あぁんっ、お、おっぱい感じちゃう……」

左右の乳首を交互に吸いつつ、指でもこね回しました。そうやって乳房を責めながら、右手は下半身に伸ばします。見た目よりずっとボリュームのある下半身に、一物はさらに膨張します。

彼女の声は意外に大きく、私はだれかに聞こえやしないかとあわてて彼女の口をふさぎました。しかしだれかが来る気配もなく、しかも彼女は完全に発情していました。

これはもう、最後までいかないと私も気がすみません。

これまで年寄りに囲まれた退屈な毎日を送ってきましたが、いま私は自分にはもったいないくらいの理想の女性と結ばれようとしている。妻も子もないさびしい老後だと思っていましたが、いまの私は最高に満足でした。

「ねえ、浩一さんの、見たいな……」

彼女は私の股間に手を伸ばし、ベルトをゆるめました。ペニスがビンッと勢いよく飛び出し、天を仰ぎます。

彼女はそこに顔を近づけてきて、ぺろりと舌舐めずりをすると、ぱくりと私の先端を咥えたのです。さすがは三十路女性というか、若く見えてもその辺の経験は豊富なようでした。

舌遣いもかなり巧みで、いい具合に吸引してきます。私があと二十年も若かったらあっさり達していたことでしょう。

なんとなく思うのですが、このテクニックは彼女の以前の旦那が教え込んだものなのでしょう。私もその恩恵《おんけい》にあずかれるのだから、顔も知らない彼には感謝すべきでしょう。

れろれろ、ちゅるっと、彼女はキャンディーでも頬張るように亀頭の周囲に舌を這わせ、頬をすぼめて私のモノを吸引します。この舌技には、さすがの私も敗北を感じました。

しかしこのまま負けを認めるのもしゃくだと思った私は、彼女の髪をなでて顔を上げさせました。そしてそっと口づけをして、あらためて彼女をベッドに押し倒しました。

そして内ももに手を這わせ、彼女の女の部分に指を差し入れ、くちゅくちゅとかき回したのです。そこはびっくりするくらいの蜜に溢れ、私の指の動きに合わせて彼女はいやらしく腰をくねらせたのです。

「んふぁああっ、ゆ、指だけじゃいや……浩一さんの硬いのが欲しいの」

もちろん私に否やはありません。彼女の片足を持ち上げると、それを肩に乗せました。彼女の唾液にまみれたペニスを彼女の入り口にあてがうと、一気に茎の半分ほどまで突っ込んでやったのです。

「あぁああっ、ふ、深いぃっ……」

室内ということ、夜という解放感もあるのか、彼女はふだんのおとなしい人柄からは想像もできない乱れぶりを見せました。これはさすがに部屋の外にも洩れ聞こえるかもと思い、唇で彼女の口をふさぎました。

「んっ、んむ、んふぅうっ」

彼女は両手を私の首に回し、抱き着いてきました。彼女は相当興奮しているのか、舌を絡め、息を荒げています。私の腰の動きに合わせて腰をくねらせ、より深く私を咥えこもうとする淫らな動きです。

ペニスを突き入れるたび、淫らなメスの汁がしぶきとなってシーツにいくつものしみを作ります。そしてたっぷりの蜜液と強烈な締めつけに、私も「うぅっ！」と思わず声を洩らしました。

「なんて熱くてしまりのいい穴なんだ。これは私もすぐイカされそうだ……」

「わ、私もこんなすごいセックス初めてっ！　イッて、いっしょにっ！」

彼女の中はますます熱くぬめり、彼女の喘ぎ声もいよいよ追い詰められたようです。

ほんの一瞬だけ、「中で出していいのか？」という気持ちが頭をよぎりましたが、このまま外に出すのはなんとももったいないとも思いました。

「出すよ、君の中に全部出すから！」

「出してっ、中出ししてイカせてっ！」

次の瞬間、私は彼女の子宮目がけ、大量の精を吐き出しました。若々しい女性の胎内に自分の精液を注ぎ込む快感というものを、私は久しぶりに堪能させてもらったのです。

もちろん彼女も身をプルプルふるわせ、アクメに達したようで、肩で息をつき言葉もないようでした。自分の性欲やテクニックにはある程度自信はあったのですが、唯一心配だった体力面もなんとかこなせたようで、面目躍如《めんぼくやくじょ》といったところです。

しかしさすがに二回戦までこなすことはできず、その夜は素直に彼女を帰らせました。ただ、一度ものにした女を、たった一回で手放すつもりは私にはさらさらありませんでした。

しかし私は、三十路女の真の貪欲さをあらためて思い知らされることになりました。一度私と一線を越えてしまった彼女は、どんどん大胆にふるまうようになっていったのです。

最初は夜に私の部屋に彼女を連れ込んでいたのですが、それだけでは彼女は満足できなくなったらしく、真昼間から、しかも私の部屋ではなく、リハビリ用具を入れておく部屋などに私を連れ込むと、何も言わないうちから、陰茎をつかんでしゃぶりだすのです。

私の部屋と違い、そういう場所ではだれかに見られる危険も高まります。しかしホーム職員である彼女は入居者の動きをだいたい把握していて、まずめったに見つかることはないのです。

それでも完璧に見つからないということはありません。というのも年寄りが多いホームですから、中には少し認知症の入った人もいます。そういう人には要注意です。なぜなら自分で自分の行動を理解していないので、突拍子もない行動をとったりするからです。

その日も私たちは清掃用品置き場に入り、彼女にしゃぶってもらっていました。するとホームの中では最近とみに認知症が進んだ入居者の男性が、いきなり私たちのいる部屋に入ってきたのです。

「はて……？」

彼は私たちに気づいていない様子、いや自分がどこに足を踏み入れたのかもわかっていないようでした。

彼女も当然、彼が入ってきたことに気づいていたでしょうが、それでも私のモノをしゃぶるのをやめませんでした。上目づかいに私を見る目元が赤く染まり、明らかに過度に興奮していました。

幸い、その男性は耳が遠いらしく、じゅるじゅるというおしゃぶり音も聞こえていないようでした。それはいいのですが、射精が近くなってくると私自身が思わず声をあげそうになるのでこれには参りました。このときばかりは息をひそめ、早く射精して終わらせたいと思っていました。

「ふふ、さっきはドキドキでしたね。でも、興奮したでしょう？」

「ああ、ボケてる爺さんで助かったよ。けど、圭子もずいぶん大胆になったなぁ、びっくりしたよ。バレたらどうする気だい」

最近の私たちはただ下の名前で呼び合うだけでなく、呼び捨てで呼び合うような関係になっていました。ただ、ほかの入居者や職員の前ではそんなことはしません。

こんな私と彼女の関係がいつまで続くのか、それはわかりません。

なんといっても私と彼女は二倍の年齢差がありますし、彼女にもやがてもっと若い恋人ができるかもしれません。

けれどそうなったら、私はまたあの退屈で張りのない日々を送ることになるでしょう。それに私の精力もやがて衰えていくでしょう。

そうなると私もあの退屈な老人の仲間入りです。

また、いつなんどき私たちの秘密の関係が職員たちにバレてしまう可能性もあるのです。けれど、正直なところ、私たちはそれほど気にしてはいません。

人間はいくつになっても人を好きになるものだし、たとえバレたとしても、私は彼女と別れる気などさらさらないのです。

それはきっと、彼女も同じ気持ちだと私は信じているのです。

妻からも相手にされない寂しい夫……温泉宿の四十路女将と復活の露天姦!

戸川征哉　会社員・五十八歳

ある企業の人事部で部長職に就《つ》いています。部下を持つ立場になってからは、無理をして飲み会につきあう必要もなくなりました。子どもたちは二人とも独立して、これからは家で夫婦水入らず、晩酌でもしようかなと考えていました。

ところが家内は、子どもがいなくなったとたん、友人と旅行三昧を始めるようになってしまったのです。私がいい顔をしないので、最近ではメモだけ残して出かけていく傍若無人ぶりです。去年の年末も、仕事納めで真っすぐ帰宅したのに、家内は留守で、真っ暗な部屋に旅行に行く旨のメモだけが残されていました。せめて、そんな節目くらいは「おつかれさま」と出迎えてほしかったのです。我慢が限界に達し、わなわなと怒りがこみ上げてきて、それなら私も好きなようにさせてもらおうと、この時期でも部屋空きのある温泉宿をネットで見つけて予約し、早速翌朝に出発しました。

電車とバスを乗り継ぎ、ようやく宿にたどり着いたときには、ちょうどチェックインの時間になっていました。宿は、その時期に空いているだけあって、連れ込み旅館のような風情で、古びていました。

出迎えて部屋まで案内してくれた女性が、宿の女将《おかみ》でした。四十代半ばくらいに見えました。古宿にそぐわず、和服の似合う、なかなかの美人でした。

部屋は簡素な作りでしたが、小ざっぱりとして清潔感がありました。女将は挨拶してから、お茶を淹れてくれました。不慣れな一人旅で、緊張もあったのかもしれません。柔和《にゅうわ》な笑顔を向けられたとき、ほっとして力が抜けていきました。

「ほんとうに何もないところだね。けれど、静かでいい。男の隠れ家って感じだよ」

思ったままを口にしたのですが、ほめているのか、けなしているのかわからないような言葉に、女将はクスっと笑い、「どうぞごゆっくり」と言い残して出ていきました。

夕飯前にひと風呂浴びにいきました。露天風呂もあるとのことでしたが、ひとまず旅の汚れを落とすため、大浴場に入りました。

夕飯は部屋食でした。前の晩、質素な食事ですませたせいか、とてもおいしく感じました。一人旅というのは、移動中はよいものですが、風呂に入ってしまうと、時間を持て余すものだと気づきました。そこで、中居さんに酒の追加を注文しました。すると、わざわざ女将がそれを運んできてくれたのです。

「お風呂はいかがでしたか？　よろしかったら、お酒お注《つ》ぎしましょうか」

ずいぶんサービスがいいなあと思いましたが、美人女将にそう言われて、断る理由はありません。

人恋しさを覚えて話しかけると、しばらく相手になってくれました。ありきたりの世間話でも、一人の身には楽しくて、ありがたいもてなしでした。うれしくなってつい、一人で来た経緯などを話してしまいました。

「まぁ、だから隠れ家が必要になったんですね。うちはぴったりかもしれませんね」

私が自分のことを話したせいか、女将も少しプライベートな話をしてくれました。離婚して、中学生のお子さんを育てながら、親から継いだその宿を切り盛りしているとのことでした。

「こんな美人が山奥で独り者なんて、もったいないなぁ。いまが女盛《ざか》りじゃないか」

女将は「おじょうずですねぇ」と言いながら、うれしそうに頬を染めていました。

考えてみれば、そんなふうに、家内以外の女と部屋の中で二人きりになったのは初めてのことでした。

けれど女将と二人きりでしっぽり話し込むうちに、おかしな妄想がわいてきて、徳《とっく》利《り》を持つ細い指先や、生白いうなじなどに目がいってしまいました。

空いた食器を下げながら、女将が出ていってしまうと、ポツンと取り残されたような気分になりました。そのとき初めて、自分の中にさびしいという感情があったことに気づきました。

客相手だからあたりまえなのに、優しく接してくれた女将の態度がうれしくて、その笑顔を思い出しながら、布団の上でいつの間にかウトウトしていました。

短い時間でしたが、心地よい眠りだったせいか、やけにすっきり目覚めてしまいました。まだ露天風呂に入っていなかったと思い出し、行ってみることにしました。もともと客が少ないうえに深夜なので、共用スペースに人影はなく、案の定、脱衣所にもだれもいませんでした。岩場をくりぬいたような露天風呂は、貸し切り状態です。

手足を大きく伸ばして、満足感にひたっていました。

そのとき背後で、ギィッと木戸の開く音がしました。振り向くと、私の出てきた脱衣所とは別の部屋から、人が入ってきたのです。湯煙の中、その人物を確認したときは思わず二度見してしまいました。それは、女将だったのです。

和服を脱いでいたし、髪も解けていたので最初はわかりませんでした。バスタオルを巻いていましたが、とっさに目を逸《そ》らしていました。そういえば、露天風呂は時間制で、男女交代と聞いていたことを思い出していました。

ばつが悪く、急いで股間をタオルで隠して、近寄ってきた女将に謝りました。

「すまない。寝ぼけていたから、女湯の時間をすっかり忘れていたんだよ」

すると女将は、「いいんですよ」と優しく言いながら、湯船に入ってきました。

「女性客は、常連のお婆さんしかいませんし、その方はこんな時間に入りませんから」

水と空気のよいところで過ごしているせいか、女将の肌は近くで見ても艶々《つやつや》として水を弾いていました。和服の上からではわかりませんでしたが、ムチムチとした体つきで、タオルを巻いた胸元には、深い谷間が見えていました。

それを見ていただけで、股間のあたりが疼いて力んできました。長いこと忘れていた感覚に、うれしくなる半面、この場をどう切り抜けようかと考えていました。

女将はさらに追い打ちをかけるように、巻いていたバスタオルをはずしました。岩肌を映した漆黒の湯の中で、浮かび上がった生白い裸に、目が釘づけになりました。湯の中でたゆたう乳房は、皮を剝いた冬瓜《とうがん》のような色形で、ずっしりとしたボリュームがありました。

「たまに、こうして夜中に入るのかい?」

なんとかして自分のスケベ心をごまかそうと、話しかけてみました。

「いいえ……さっき、戸川《とがわ》様がお入りになるのが見えたから、来たんです」

そんなふうに言われてドギマギしました。

「おイヤですか？　だめなら出ていきますけど」

否定するのをわかっているような、甘える口調でした。

「イヤなわけがないじゃないか。それより、風呂の中まで戸川様はやめておくれよ」

喜びを隠しきれなくて、たぶんニヤついていたと思います。

「え、じゃあ、征哉《ゆきや》さん？　名前で呼ぶと一気に距離が縮まりますね」

そう言いながら、体を寄せてきました。照れくさくて、汗が噴き出してきました。

並んで座ると、肩と肩がぶつかりました。柔らかな丸っこい感触を受けて、股間のモノが大きくなってきました。膝を曲げて座り直し、タオルを当てて隠していました。

もう仕事を終えたのかと聞くと、女将の仕事は際限なくあり、毎日二時間くらいしか寝られないと言いました。

「でも、だいぶお客様が減ってしまいました。潰さないようにがんばっています」

まだ若い彼女が一人で背負っているものを思い、なんだかかわいそうになりました。

「そうだ、今度、友人を連れてこよう。ああ、会社の慰安旅行にも使おうか」

せめてそれくらいの提案しかできませんでしたが、そう言うと彼女はうれしそうに肩にもたれかかってきました。腕に、むにゅっと乳房が当たりました。

「うれしいわ。でも、それだと、隠れ家じゃなくなってしまいますよ」

女将として営業されているのか、女として甘えてきているのか、遊び慣れない私には判断できませんでしたが、いずれにせよ、自分が彼女に気に入られているらしいことはわかりました。

手を出そうかと迷っているうちに、ドキドキしすぎて脈が激しく打ちはじめ、汗もダラダラ流れてきました。

「征哉さん、のぼせてらっしゃる？　お酒飲まれたあとですから、そろそろ出ないと」

彼女は心配そうに声をかけてくれ、持っていたタオルで額の汗をぬぐってくれました。そんなふうにされたらますます体が密着しました。舌を伸ばせば届くところに、すぼまった愛らしい唇や、柔らかそうな乳房が近づいてきました。

「これくらい平気だよ、ちょっと休めば大丈夫さ」

のぼせている自覚はありましたが、どうしても彼女と離れるのがイヤだったのです。風呂のふちに腰かけて、大丈夫だと言い張りました。すると彼女は、私を介抱するために、湯船から立ち上がったのです。下半身が丸見えになりました。

ふっくらとした土手には、水の滴《したた》る豊かな茂みがありました。しっかりと見たいのに、額から流れてくる滝のような汗で、視界が霞《かす》んでいきました。

「お部屋に戻りましょう」と声をかける彼女に、体を支えられていました。

一瞬、意識が遠のくような気がしましたが、その瞬間に彼女の体に抱きついていました。

「離れたくないんだ。もう少し、きみとこうしていたいんだよ……」

ぴゅーっと冷たい風が吹き抜けて、のぼせた頭を冷ましてくれたので、かろうじて倒れずにすんだようです。

股間にかぶせておいたはずのタオルは、いつの間にかずり落ちていて、そそり立ったモノが露《あらわ》になっていました。彼女はそれを見てもなお、優しく言ってくれました。

「しっかりなさって。だいじょうぶですよ、お部屋までお供しますから」

ところどころ意識が飛んでいたらしく、はっきりとは覚えていないのですが、彼女の肩を借りながら、浴衣を羽織って部屋に戻ったようです。

部屋の布団に寝かされて、冷たいタオルを当ててもらっているうちに、意識がはっきりしてきました。

「いやぁ、悪かった。あれくらいでのぼせることなどないのに。世話をかけたね」

彼女は懸命に、まだ濡れていた私の体をふいてくれていました。

「仕事に戻らないとまずいんじゃないか？　疲れが出ただけだ、もう平気だよ」

ところが彼女は「もう少しそばにいます」と言って、離れませんでした。

「フロントには、急病のお客様の様子を見ているって、伝えたから大丈夫です」

迷惑をかけて申し訳ない気持ちもありましたが、それで彼女と、さらに長くいられると思うとうれしくなりました。

私を助けるために彼女も急いでいたのでしょう。作務衣《さむえ》に着替えていたのですが、胸元の合わせ目が乱れていて、前屈みになると乳房がほとんど丸見えでした。

「きみだって、まだ濡れているじゃないか。ほれ、風邪をひくぞ」

そう言って、髪から滴る水気をふいてやり、首筋にタオルをあてたとき、彼女は自分から、作務衣の紐をほどいて脱ぎはじめていました。

「お優しいのね。じゃあ、ここも、ふいてくださいますか？」

作務衣の下には何も着けておらず、はち切れんばかりの乳房が飛び出してきました。

彼女は目を閉じて、胸を突き出してきました。胸の谷間に、水のしずくが伝っていました。そこまでされたら、いくら臆病な私でも、手を出さずにはいられません。

こんなにすばらしい夜は、この先の人生で、もう二度とないかもしれないと、勇気を振り絞って手を伸ばしました。

指先が、かすかに乳房にふれた瞬間、彼女がもどかしそうに「アン！」と声をあげました。鼓膜に絡みつくような、いやらしい声でした。

「ハァン……征哉さん、やっとしてくださった。こうしてほしくて、待っていたの」

そう言いながら私の首に腕を巻きつけてきました。その声に勢いづいて、さらに強くもみながら、乳首を口に含みました。舌でペロペロ舐め回すと、乳首はコリッと勃起してきました。

抱きかかえていた腕の中で、彼女の体が崩れ落ちていきました。

「ああ、すごく気持ちいいわ、ずっと、だれにも、ふれられていなかったんです」

「そうか、そうか。さびしかったんだね。たまには羽を伸ばしてもいいじゃないか」

腕の中で喘ぐ美人が、数時間前に初めて会った女だと思うと、なおさら興奮しました。化粧を剥がしてよがる女将など、どうして想像できたでしょうか。

和服をまとった上品な彼女も、湯船で見た妖艶な彼女も、目の前にいる髪を垂らした素朴な彼女も、どちらも魅力的でした。

「アハンッ！　すてきな男性に会うと、むしょうに欲しくなってしまうんです」

布団の上で眺めた裸体はなまなましく、湯船の中とは、また違った生き物のように見えました。

「女盛りだからな、欲しくなるのは当り前さ。いいんだよ、もっと感じてごらん」

硬い乳首をこねくり回すと、彼女は「ハァ〜ン！」とのけぞって、そのまま布団の上にあおむけに倒れました。迫力のある乳房が、ボヨンボヨンと跳ねるように揺れていました。その上に体を重ねて、乳房を両脇から手繰り寄せ、深い谷間に顔を埋《うず》めました。手のひらからはみ出す乳房をもみながら、息苦しいほど鼻先を押しつけて舐め回しました。

下腹部をまさぐりながら、作務衣のズボンを脱がせにかかると、そこへの刺激を待っていたかのように、彼女も自分から腰を浮かせてきました。

片手でパンティをおろしながら、盛り上がった土手に手を伸ばすと、茂みがネッチョリ濡れていました。スケベな汁は、ネバついて指に絡まってきました。

茂みの奥に指を伸ばすと、コリッとした硬い粒が当たりました。

「アァ、そこ！　そんなふうにジリジリ責められたら、どんどんよくなっちゃう！」

指の腹で潰すように押してやると、粒はどんどん大きくなってきました。その感触を味わっているうちに、私の股間もさらにひと回り大きくなっていました。

そんなに大きくなったのは数年ぶりです。家内と最後にやったときには、前戯の途中で折れてしまい、ひどく責められて、それ以来すっかり自信を失くしていたのです。

彼女の激しい濡れ具合が、再び自信をもたらしてくれました。

指を動かしながら、興奮が抑えきれなくなって、白い首筋や肩に歯を立てていました。心地のよい弾力を歯茎に感じ、歯がキリキリ疼きました。

「はあぁ～ん！　感じちゃう、もっとしてください、もっと噛んで！」

力みそうになるのを必死にこらえながら甘噛みすると声がいっそう乱れてきました。その裂け目の入り口に粒の奥には、煮こごりのような柔らかいヒダがありました。そっと指を挿し込むと、彼女の息づかいが激しくなってきました。

「ハンッ！　じらさないで、もっと奥まで入れてくださいっ！」

じらしているつもりはありませんでした。じっくりゆっくり、相手の反応を見ながら、愉しんでいただけなのです。はからずも、中年男のねちこさが、彼女をさらに焚《た》きつけていたようでした。

「女将さんの恥ずかしいところ、ベチョベチョだよ……どれ、舐めてあげようか？」

閉じていた太ももをつかんで大きく開くと、とうとう汁にまみれた剝き身が現れました。ぱっくり裂けた赤黒いヒダが、刺激を待つようにうごめいていました。

上品な着物姿の奥に、そんな裂け目が隠れていたのかと思うと、身震いするほど興奮しました。顔を寄せると、すっぱいような匂いがしました。その匂いに誘われるまま、夢中で舐めていました。

「ハァ、ハァ、ハアァ……イッちゃうっ！」

遊ぶ暇もなく、疼く体を持て余していたのでしょう。昇りつめてもなお足りないというふうに、腰を振って押しつけてきました。ねじ込んだ指で、突き当たりの天井部分をこすってみると、キュウッと穴がすぼまりました。

穴の奥までスケベな汁が行き渡り、沸騰しているような熱さでした。

「ああ～っ！　そこ、そこを……征哉さんの、硬い棒で突いてほしいっ！」

名指しで求められると、ゾクゾクしました。だれでもいいわけでなく、自分のモノを欲しがっているということに昂《たかぶ》ったのです。

愛おしさがこみ上げてきて、力任せに亀頭をねじ込んでいました。誇らしかったのは、一気に根元まで入らなかったことです。カリ首のところで締め上げられて、そこからもう一押し、さらにもう一押ししてようやく奥にたどり着きました。

「ハァン！　おっきぃ、いやん、すごい、すごいっ、また、イキそうっ！」

歓迎されたムスコは、悦ぶ彼女にこたえるように、穴の中で反り返りました。反り返るほど、彼女の中も締めつけてきて、激しい摩擦に襲われました。

腰をゆっくり動かしながら、乳房をもんで耳たぶを噛みました。ゆっくり動いたのは、終わってしまうのがイヤだったからです。

「もっと来てっ、強く突いてっ、おっきぃオチ○チン好き！　ああ、イッちゃう！」

そのとき突然、彼女がキスをしてきました。キスをしたい気持ちはありましたが、それは恋人の領域かと思い、遠慮していたのです。挿入のお返しとばかりに、彼女の舌が入ってきました。言葉はなくとも、彼女からの好意を受け取った気がしました。

舌を吸い合う交わりの深さに、下半身も一気に昂り、すぐに射精しました。

翌朝、何ごともなかったように、背筋をシャンと伸ばした女将が玄関で見送ってくれました。「また来るよ」と約束したのに世間の自粛ムードで、まだ再会は果たせていません。こうしている間も、ほかの男を誘っていやしないかと心配でなりません。

◉読者投稿手記募集中！

素人投稿編集部では、読者の皆様、特に女性の方々からの手記を常時募集しております。真実の体験に基づいたものであれば長短は問いませんが、最近のSEX事情を反映した内容のものなら特に大歓迎、あなたのナマナマしい体験をどしどし送って下さい。

●採用分に関しましては、当社規定の謝礼を差し上げます（但し、採否にかかわらず原稿の返却はいたしませんので、控え等をお取り下さい）。

●原稿には、必ず御連絡先・年齢・職業（具体的に）をお書き添え下さい。

〈送付先〉
〒101-8405
東京都千代田区神田三崎町２－18－11
マドンナ社
「素人投稿」編集部　宛

熟年白書《じゅくねんはくしょ》 衝撃の回春体験《しょうげきのかいしゅんたいけん》

編者◉素人投稿編集部【しろうととうこうへんしゅうぶ】

発行◉マドンナ社

発売◉二見書房 東京都千代田区神田三崎町二-一八-一一
電話 〇三-三五一五-二三一一(代表)
郵便振替 〇〇一七〇-四-二六三九

印刷◉株式会社堀内印刷所 製本◉株式会社村上製本所 落丁・乱丁本はお取替えいたします。定価は、カバーに表示してあります。

ISBN978-4-576-20197-9 ◉Printed in Japan ◉© マドンナ社

Madonna Mate